STAR WARS ®

DICCIONARIO VISUAL
DE PERSONAJES Y EQUIPOS

Sistema sensor de movimiento/sonido

Placa de visión macrobinocular

Bolsa de utilidades

Cohete lanzadardos de la rodillera

Traje de vuelo reforzado con doble capa

BOBA FETT

Costilla cervical

Hueso de
la cola

Garra de criatura de las arenas

HUESOS DE CRIATURA
DE LAS ARENAS DE TATOOINE

Funda de herramienta
multiuso

Aislante
magnético

BOLSA DEL CINTURÓN
DE LUKE SKYWALKER

Columna
nerviosa

Cigapófisis
posterior

VÉRTEBRA CERVICAL DE
CRIATURA DE LAS ARENAS

Soporte
del carillón

Aleación
de compuesto
plastoide

Gong estridente

Carillón
tryna

Platillos o'tawa

CASCO DE SOLDADO DE ASALTO
DE LA *ESTRELLA DE LA MUERTE*

Enlace de comunicaciones interno

Antena
de comunicaciones

Resonador

Soporte
del gong

Cuerdas
centressar

Escudo
antidestellos

CASCO DE ARTILLERO
DE LA *ESTRELLA DE LA MUERTE*

Amuletos
musicales
seilith

ARPA
DRUMHELLER

Ajuste
de longitud
del rayo

Enlace
del activador

Base
del arpa

Protector
del emisor

ESPADA DE LUZ DE DARTH VADER

STAR WARS ®

DICCIONARIO VISUAL

Cristal principal

NÚCLEO
DE ENERGÍA DE
UNA ESPADA
DE LUZ

BASTÓN
DEL EMPERADOR

Textos
DAVID WEST REYNOLDS

Creaciones especiales
DON BIES y NELSON HALL

Nuevas fotografías
ALEXANDER IVANOV

Magnetófono ploong

Barra de piel

Fanfar

Cuerno kloo

Pantalones del grupo

Palo de soporte

Selectores de tono

FIGRIN D'AN Y LOS MODAL NODES

Empuñadura

Ediciones b
GRUPO ZETA

Barcelona • Bogotá • Buenos Aires • Caracas • Madrid • México D. F.
Montevideo • Quito • Santiago de Chile

BOLSA DEL CINTURÓN
DE LUKE SKYWALKER

Sumario

CILINDRO DE CÓDIGO
DEL GRAN MOFF TARKIN

Activador

CILINDROS DE CÓDIGO
DEL ALMIRANTE MOTTI

Pinza de
sujeción

GARFIO DEL SOLDADO DE ASALTO

Unidad de control
de la temperatura

Enlace de
comunicaciones

Unidad
de energía

Puerto del
equipo auxiliar

MOCHILA DE LOS REBELDES DE HOTH

Cierre
del cuello

Broche

HOMBRERA
DE SARGENTO DE ASALTO

Almohadilla negra
indicadora de rango

HOMBRERA
DE SOLDADO RASO
DE ASALTO

Introducción

EL MUNDO FANTÁSTICO de la trilogía *La guerra de las galaxias* desprende una curiosa sensación de realidad. Las ropas, las armas, la tecnología y los demás elementos creados para las películas que aparecen en este diccionario visual están gastados por el uso prolongado, cuentan con un diseño totalmente funcional y tienen muchos detalles que los hacen parecer objetos reales. Para los personajes, las criaturas y los androides de *La guerra de las galaxias* se escribieron extensas historias auxiliares previas al momento en el que aparecen sus aventuras en la pantalla. La concepción de *La guerra de las galaxias,* de una riqueza extraordinaria, y su ambientación son lo que hace que la fantasía parezca tan real. El gran esfuerzo de muchos intérpretes y artistas de talento forjó un universo tan pormenorizado que podemos someterlo a un escrutinio riguroso y siempre descubriremos nuevas sutilezas en él. En este libro encontrarás todos los componentes de la trilogía *La guerra de las galaxias* explicados con detalle y presentados con claridad, como no se había hecho nunca antes. Podrás llegar a tocar esa realidad imaginaria. Con este diccionario tienes una guía y un pasaporte para ese lugar donde los rayos de los blasters huelen a ozono y los cañones de rocas de Tatooine ocultan ojos misteriosos en la oscuridad. Únete a nosotros.

Bien venido al mundo de *La guerra de las galaxias.*

Acolchado
celular

Placa
blindada
de compuesto
plastoide

Receptor
de sonido

Panel de dispersión
del calor

Ordenador del casco

Bastidor del sensor
lateral

Cierre hermético

SECCIÓN DE UN CASCO DE SOLDADO DE ASALTO

La tecnología especial

Hace miles de años, la alta tecnología se extendió por toda la galaxia y va en ascenso o en descenso dependiendo del auge o la caída de las civilizaciones. El desarrollo de la tecnología ha recorrido senderos diversos, por lo que algo elemental para una cultura puede pasar desapercibido durante años para otra. La tecnología tradicional, como las espadas de luz de los jedis, puede permanecer inalterable durante siglos. En cambio, pueden aparecer innovaciones debido a presiones militares en terrenos que no han experimentado cambios durante milenios. Cuando las culturas se encuentran y se relacionan, los dispositivos avanzados pueden caer en manos de grupos que hasta el momento eran primitivos, de modo que muchas criaturas manejan tecnología que en el fondo no comprenden.

Culata reforzada

BLASTERS DE IONES
Los rayos de iones pueden alterar complejos componentes electrónicos. Los cañones de iones pueden impedir que una nave espacial funcione sin dañarla, y los blasters de ionización que se construyen los jawas aturden a los androides del mismo modo.

ESPADA DE LUZ DE DARTH VADER

ESPADA DE LUZ DE OBI-WAN KENOBI

SEGUNDA ESPADA DE LUZ DE LUKE SKYWALKER

Los diseños de las espadas de luz a menudo dependen de la trayectoria vital de su dueño. La de Darth Vader es muy parecida a la que usaba cuando era aprendiz de jedi, aunque más oscura. La de Luke Skywalker, por otro lado, se acerca al modelo utilizado por su mentor, Ben Kenobi.

Anillo magnético de estabilización

Pestaña para afinar el anillo

Ajuste de longitud del rayo

Circuitos de modulación de energía

Proyectores de energía de campos cíclicos

Cristales de enfoque

Cristal principal

Montura del cristal principal

Célula energética de diatio

Conductor del campo de potencia

Fijación de la empuñadura

Protector del emisor de rayos

Punta del arco del rayo

Ajuste de potencia del rayo

Canal de energía del rayo

Cámara de energía de los cristales

Puerta de energía

Anillo de la corriente de potencia

Anillo del cinturón

Aislante de potencia inerte

Activador del cristal de enfoque

Espadas de luz

Las espadas de luz suelen tener una estructura básica similar, aunque muchas son individualizadas por los jedis que las construyen. Aunque el rayo de energía pura no tiene masa, la onda de arco generada electromagnéticamente crea un fuerte efecto giroscópico que hace de la espada de luz un arma difícil de vencer. Funciona según el complejo principio de la energía de ondas de arco controlada con precisión y requiere elementos de enfoque confeccionados a partir de cristales naturales que no se pueden sintetizar. Las espadas de luz tienen que construirse a mano, ya que no existe una fórmula exacta que explique la decisiva alineación de los cristales irregulares. El más mínimo error en la alineación provocaría la explosión del arma al activarla.

El duelo de Luke Skywalker y Darth Vader en la Ciudad Nube

La legendaria espada de luz es el arma tradicional de los caballeros jedi, guardianes de la justicia desde hace muchas generaciones. La construcción de una espada de luz es una de las pruebas clave para los aprendices de jedi: conseguir la alineación exacta, casi imposible, es demostrar su sensibilidad con la Fuerza.

Mira

Telémetro

La mayor longitud de los cañones
proporciona mayor precisión y alcance

Cañón principal

Sensor
magnético

Antena
de comunicaciones

Bastidor de lógica

Fotorreceptores
de banda ancha

Servomotor cervical

RIFLE LÁSER

Cañón secundario

Circuitos de aumento
de potencia

Caja de resonancia
del vocalizador

Puerto de conexión
de interfase

Telémetro

Aletas de disipación
del calor

Accionador
interno del brazo

Los cartuchos de gas de blaster
de recambio se guardan en
el interior de la culata

Placa pectoral
decorativa

Supresor de destellos

CARABINA LÁSER

Articulación
del codo con
intermotor interno

Supresor de destellos y ruidos

Circuitos personalizados

Se desmonta para
poder esconderlo

Célula energética

Cables
de conexión
intersistema

**BLASTER DE CORTO
ALCANCE DE ASESINO**

BLASTER DE MANO

El arma blaster

Las armas blaster usan un gas de alta
energía como munición, que se activa
mediante una célula energética y se
convierte en plasma. Este plasma se libera
desde un efecto de botella magnética para disparar a través de los
componentes de colimación un rayo de mayor energía. Las variaciones
inherentes limitan la capacidad de apuntar con precisión el rayo del blaster,
pudiendo así mejorar la puntería. La energía del plasma se disipa mientras
el rayo avanza, y así el alcance se limita a medida que disminuye la energía.
El largo alcance avanza por los tubos de carga más largos, que alinean más
cerca las ondas energéticas del plasma, a través de un circuito galven
adicional, unas lentes de cristal u otros mecanismos de colimación.

Placas
de cromo

Células energéticas
auxiliares

Androides

Los seres mecánicos se crearon en un pasado remoto.
Aunque se han ido convirtiendo en seres complejos, la
reproducción de una capacidad de sentimiento ha resultado
muy peligrosa; por lo tanto, a los androides se les otorga una
capacidad mínima de desarrollo para cumplir su cometido.
La mayor parte hablan sólo en tonos electrónicos con otros
androides y no pueden comunicarse directamente con los humanos. Cuando alguien adquiere
una unidad, suele reconfigurar su patrón de conducta para adaptarlo al nuevo entorno y suele
borrarle la memoria para «empezar de cero». Así, los androides viven muchas vidas,
desconociendo su origen. Las pocas personas que observan a los androides de cerca pueden
apreciar que las unidades que consiguen escapar a los borrados de memoria tienden a
desarrollar una identidad y una capacidad de sentimiento propias basadas en la experiencia.
En el Imperio no existen leyes que protejan a los androides.

Rodilla reforzada

Empalme
intermotor
de impulsión
interno

Placas de agarre
magnético

Luke Skywalker

EL JOVEN SKYWALKER, granjero del remoto planeta desierto de Tatooine, ansía escapar de la aburrida rutina de sus tareas diarias en la granja de humedad de su tío. Luke sueña con ser piloto espacial, pero debe elegir entre su deseo de entrar en la Academia y su lealtad hacia sus tíos, que le necesitan en la granja. Cuando descubre un misterioso mensaje secreto escondido en uno de sus nuevos androides se embarca en una misión y se lanza hacia un mundo de aventuras que finalmente le servirá para descubrir su destino.

La casa de Luke está en su mayor parte bajo tierra para escapar del calor de los soles de Tatooine. El patio principal, el pozo del cobertizo y el garaje cubierto están conectados por túneles.

Tejado del garaje

Cúpula de entrada

Llanuras de sal

Patio

Tapa de la cisterna

Evaporador de humedad para extraer vapor de agua del aire

Tanques de suministro del generador de fusión

En la central eléctrica de Toshi, en el pueblo de Anchorhead, Luke se olvida de la granja para estar con sus amigos y hablar, jugar al billar electrónico o arreglar su landspeeder o su skyhopper.

Luke descubre por primera vez parte de los secretos de su padre cuando Ben Kenobi le entrega la espada de luz jedi de Anakin Skywalker. En manos de Luke, el rayo vuelve a brillar tras muchos años.

Comunicador de androides

Bolsa de herramientas

Cinturón de utilidades

Túnica de granjero de Tatooine

Pantalones finos

Ataduras antiarena

Anilla de estabilización del rayo

Ajuste de la longitud del rayo

Clavija de recarga rápida

Espada de luz de Anakin Skywalker

Matriz de activado

TÍA BERU LARS

TÍO OWEN LARS

Suelas de fijación

Célula energética de alimentación

Empuñadura

Espada de luz

La espada de Luke, un obsequio procedente de otra era, es el legado de Anakin, su padre, que fue caballero jedi de la Antigua República y luchó en las Guerras Clónicas. La espada, símbolo del destino de Luke, es un arma única. El joven la domina de forma natural y aprende a usarla en seguida gracias a su mentor, Ben Kenobi.

Separación de la arena y la grava del desierto

Rejilla de circulación del aire sobre las entradas de refrigeración y el tubo de escape

DATOS

◆ El mejor amigo de Luke era Biggs Darklighter, que abandonó Tatooine para entrar en la Academia. Biggs se licenció con una misión en la nave de carga *Rand Ecliptic*. Más tarde, los amigos se reencuentran en la cubierta del vuelo en la base rebelde de Yavin 4, donde Luke descubre que Biggs es un piloto rebelde. Ambos luchan y vuelan juntos en el decisivo ataque a la *Estrella de la Muerte*.

◆ Las tormentas de arena de Tatooine pueden durar días, pero el trabajo de los evaporadores de humedad no se puede interrumpir. Luke lleva un poncho de desierto y gafas especiales para protegerse del viento.

La maqueta incluye decoración y mejoras que Luke quiere incluir cuando tenga dinero

Emblema que Luke quiere añadir

Pistola neumática de proyectiles para disparar contra las ratas womp

Base de la maqueta

Los macrobinoculares de Luke tienen zoom electrónico y ampliación de imagen, así como telémetro y selección de alcance

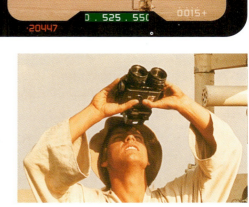

Mientras trabaja en un evaporador de humedad, Luke utiliza sus macrobinoculares para observar una batalla entre dos naves.

Luke tiene un skyhopper T-16 suborbital (en la imagen se ve la maqueta construida por él mismo) que pilota acompañado de sus amigos por los estrechos barrancos del Cañón del Mendigo y hace explotar las madrigueras escondidas de ratas womp. Después de superar la prueba del Corte del Diablo y de la Aguja de Piedra, ha demostrado que es un excelente piloto. Sin embargo, no puede utilizar el skyhopper para buscar a R2-D2 porque su tío le ha castigado por volar de forma imprudente.

El landspeeder de Luke

El landspeeder X-34 de Luke está suspendido cerca del suelo mediante los elevadores de repulsión de baja potencia incluso cuando está aparcado. Gracias a las tres turbinas que crean el efecto de tracción repulsora, puede volar sobre los grandes espacios del desierto. El parabrisas se puede cerrar y formar una burbuja sellada, pero Luke no ha conseguido arreglar la parte trasera, así que mantiene la cabina abierta.

La cocina de la casa de los Lars es la típica de las granjas de Tatooine, donde suelen tener muchos aparatos de ahorro de humedad. A través de un pasaje se llega al comedor, y éste da al patio principal.

ESCÁNER DEL LANDSPEEDER

R2-D2 aparece en el escáner del landspeeder

Generadores de tracción repulsora

LANDSPEEDER: COSTADO Y PARTE TRASERA

Abolladura

Rejilla de la turbina de empuje

Soporte de la turbina

Bastidor del generador del campo de repulsión

Parabrisas de duraplex

Volante

Cabina

Asientos acolchados

Depósito

Sensor de velocidad

Panel del capó

Circuitos de aumento de potencia

Rejillas del repulsor

Tubo de escape principal del repulsor

Motor sin capota de la turbina de dirección

Tubo de escape del surtidor de la turbina

Skywalker: piloto y jedi

LUKE SKYWALKER SE sube por primera vez a la cabina de un caza estelar X para participar con el nombre de Rojo Cinco en el ataque a la primera *Estrella de la Muerte*. En los años siguientes, Luke defiende a la Alianza participando con su caza X y con otras naves en batallas y aventuras en las que se enfrenta a piratas espaciales y naves imperiales, consigue victorias para los apremiados rebeldes y se convierte en uno de sus líderes más revolucionarios. El maestro Yoda despierta en él su dominio de la Fuerza y, a lo largo de los años, Luke crece con la mirada puesta en el momento en que por fin se convertirá en caballero jedi.

Correas de la bolsa del pecho

Traje G presurizado

Chaleco de fuego antiaéreo

Cilindros de datos

Unidad de soporte vital

Salvoconducto para pilotos abatidos

Casco aislado

Símbolo de la Alianza

Guantes de vuelo

Precintos de muñeca

Arnés

Bolsillo de equipo

Bengalas

Botas de vuelo

Suelas de gran fijación

Zona de disparo

Caza TIE

Aunque no está tan avanzado como el equipo imperial de fijación de objetivos, la pantalla de objetivo del caza X confirma los blancos en la zona de disparo de los cuatro enormes cañones láser de largo alcance.

Caza X T-65

Androide astromecánico

Los cazas X incluyen una conexión para androide astromecánico, que se ocupa del mantenimiento y de las reparaciones durante el vuelo. Además de los cañones láser, también llevan una pequeña carga de torpedos de protones, pero ésta es una artillería escasa y cara para la Alianza, así que Luke sale a enfrentarse a la *Estrella de la Muerte* con tan sólo dos de estos torpedos.

Alas abiertas en forma de equis para el combate

Cañones láser de largo alcance

Señal de disparo del ordenador de objetivo

Simulación de torpedo de protones entrando en el pequeño puerto de escape térmico, que es el objetivo de los rebeldes

LECTURAS DEL ORDENADOR DE OBJETIVO DEL CAZA X

Los planos robados de la *Estrella de la Muerte* dejan a los líderes rebeldes simular los efectos de los diversos tipos de ataque a la estación de batalla.

El objetivo, el conducto de escape, lleva directamente al reactor de hipermateria, situado en el núcleo de la *Estrella de la Muerte*. Luke utiliza la Fuerza para disparar en el lugar adecuado y consigue destruir toda la gigantesca estación de batalla.

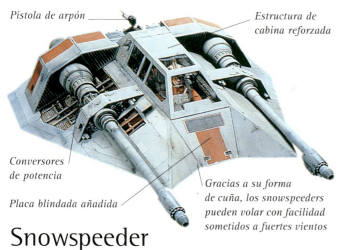

Pistola de arpón

Estructura de cabina reforzada

Conversores de potencia

Placa blindada añadida

Gracias a su forma de cuña, los snowspeeders pueden volar con facilidad sometidos a fuertes vientos

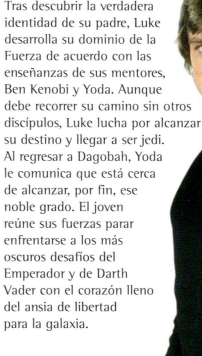

El valor de Luke le lleva a situaciones en las que los enemigos acaban con su equipo, pero él nunca se rinde. Tras ser derribado en el cielo de Hoth, consigue salir de la cabina antes de que un AT-AT aplaste su snowspeeder.

Snowspeeder

Luke ayudó a la Alianza a adquirir su escuadrón de naves de defensa, formado por speeders con placas de blindaje y con cañones blaster reforzados. Los snowspeeders, que han sufrido complicadas modificaciones, carecen de escudos defensivos y, en la batalla, sus triunfos se basan en su agilidad y en su velocidad. Como comandante de caza, Luke lidera el Escuadrón Pícaro de snowspeeders, que luchan contra la Fuerza Ventisca imperial de AT-AT.

Caballero jedi

Tras descubrir la verdadera identidad de su padre, Luke desarrolla su dominio de la Fuerza de acuerdo con las enseñanzas de sus mentores, Ben Kenobi y Yoda. Aunque debe recorrer su camino sin otros discípulos, Luke lucha por alcanzar su destino y llegar a ser jedi. Al regresar a Dagobah, Yoda le comunica que está cerca de alcanzar, por fin, ese noble grado. El joven reúne sus fuerzas parar enfrentarse a los más oscuros desafíos del Emperador y de Darth Vader con el corazón lleno del ansia de libertad para la galaxia.

Vestimenta negra de jedi

Mano mecánica

Cinturón de utilidades

Gancho de la espada de luz

Desde una torreta cuatriláser del *Halcón Milenario*, Luke se enfrenta a una tormenta de cazas TIE mientras la nave huye de la *Estrella de la Muerte* original. Consigue destruir dos cazas, el mismo número que Han Solo, lo que le hace ganarse el respeto del corelliano.

Auriculares de intercomunicaciones

Yoda

Al principio, Luke no acepta las exigentes técnicas de preparación de Yoda

A pesar de que pasa poco tiempo junto al sabio maestro jedi, el joven aprende mucho de él, y despierta sus facultades, que permanecían dormidas, y también su sensibilidad con la Fuerza. Las intensas enseñanzas del maestro guiarán a Luke en su camino de armonización con la Fuerza durante toda su vida.

DATOS

◆ Luke viaja a Dagobah en busca de Yoda, el maestro jedi, y sólo se guía por su instinto y por una visión de su mentor, el fallecido Ben Kenobi.

◆ Para rescatar a Han Solo de manos de Jabba el hutt, Luke regresa a su planeta natal, Tatooine. Tanto sus amigos como sus enemigos dudan de él, pero Luke demuestra sus extraordinarias facultades en la batalla contra las fuerzas de Jabba. La llama de protección y justicia de los jedis ha vuelto a la galaxia.

La sombra de Darth Vader

De pequeño, Luke no sabía mucho sobre su padre. Ben Kenobi le contó que fue caballero jedi, piloto espacial y guerrero; pero el secreto de su muerte quedaba empañado por la malvada figura de Darth Vader. Cuando Luke se enfrente a él, descubrirá la verdad, lo que provocará su mayor enfrentamiento con la Fuerza.

La princesa Leia Organana

Blaster imperial robado

L A PRINCESA LEIA Organa de Alderaan, mujer audaz y de fuerte voluntad, utiliza su puesto en el Senado Galáctico como tapadera para ejercer su ayuda diplomática a la Alianza rebelde. Al poder viajar por toda la galaxia en la nave consular *Tantive IV*, Leia ayuda a planetas sitiados y establece contactos en secreto para la rebelión. La princesa, una joven hermosa y reflexiva, es consciente de su papel crucial en unos momentos decisivos para la galaxia, por eso oculta sus sentimientos detrás de una severa disciplina y de la dedicación a la causa. Como hija adoptiva del virrey Bail Organa recibió formación por parte de las personas más instruidas de Alderaan. Durante toda su vida se preparó para su función y llegó a ser una experta en artes marciales y políticas.

Panel sensor principal

Turboláseres gemelos

Puente de mando

Ranuras de escape

Cinturón simbólico de la familia real de Alderaan

Tantive IV

La nave consular de la princesa Leia es una corbeta corelliana, de diseño tradicional y muy extendido por toda la galaxia. Al pasar desapercibidas tan fácilmente entre el tráfico espacial galáctico, muchas corbetas se dedican a hacer de tapadera o al contrabando, por lo que se las conoce como naves antibloqueo.

Mientras está en misión secreta para conseguir la ayuda del caballero jedi Obi-Wan Kenobi, Leia es apresada a bordo de su nave diplomática. Aunque sabe que le van a hacer prisionera, lucha hasta el final y hace todo lo posible para que su mensaje llegue hasta Obi-Wan, o bien por sus medios, o a través de R2-D2.

Vestido tradicional de la familia real de Alderaan

Botas de viaje

Darth Vader encarceló a Leia tras capturarla. La princesa, sola en la inhóspita profundidad metálica de la *Estrella de la Muerte*, se mantuvo firme a pesar de todos los castigos que sufrió.

La influencia de Leia, sus contactos como princesa y su formación diplomática sirvieron para conseguir gran parte del vital equipo de comunicaciones y los escáneres del centro de mando rebelde de la cuarta luna de Yavin.

Trenzas de servicio

Galones

Chaleco térmico

Mono blanco aislado

Ataduras de las botas

Botas militares para la nieve

En el helado centro de mando de la Base Eco, Leia examina los escáneres en busca de indicios que demuestren la presencia del Imperio. Su preocupación constante es su pueblo.

Cuando las fuerzas imperiales descubren e invaden la Base Eco, Leia infunde confianza a los pilotos rebeldes al quedarse en el puesto de mando y dirigir la evacuación incluso cuando la base empieza a desmoronarse.

Aunque en su formación aprendió muy poco sobre dispositivos mecánicos, Leia hace todo lo que puede para ayudar en la reparación del *Halcón*.

En la bellísima Ciudad Nube, Leia disfruta por poco tiempo de la compañía del pícaro y fanfarrón capitán del *Halcón*, ya que después ambos caerán en la trampa de Darth Vader.

Princesa de hielo

En los pasillos de la Base Eco de Hoth, Leia cambia su vestido ceremonial por un mono aislante, aunque sigue vistiendo de blanco como princesa de un planeta perdido. La Alianza se enfrenta a nuevos retos; Leia se afianza como figura clave de mando, y dirige despliegues y movimientos estratégicos decisivos junto al general Rieekan y otros líderes rebeldes.

Esclava de Jabba

Leia desafió los peligros del palacio de Jabba para rescatar a Han Solo, a pesar de saber que podía ser torturada o asesinada si la capturaban. Lo que no esperaba era sufrir la dura experiencia de ser esclava de Jabba, aunque soporta su cautividad con valor y se prepara para atacarle cuando llegue el momento.

Leia consigue lo que docenas de asesinos profesionales no consiguieron: poner fin a la vida de Jabba el hutt, el despreciable señor del crimen.

Arnés de esclava

Seda de Lashaa

Botas de piel de Jerba

Galones

Pistola ligera de confianza

Líder rebelde

Al descubrirse que Leia es una rebelde, su carrera diplomática queda truncada, pero la princesa contribuye más que nunca a la fuerza de la Alianza. Ya no se conforma con ser un gran símbolo, una líder y una negociadora, sino que entra en acción en el campo de batalla y demuestra que sigue siendo una de las mejores tiradoras de la Alianza.

DATOS

◆ La princesa Leia es el miembro de menor edad que ha tenido el Senado Galáctico. Líder de gran inteligencia y fuerza, está acostumbrada a llevar el mando y a tomar decisiones.

◆ Leia estudió disciplina, técnicas y estrategias militares y ha conseguido ser una estratega excelente y una tiradora experta con blaster.

◆ Como princesa de Alderaan, Leia es una noble que dirige a su pueblo; como senadora representa a todo su planeta en el Senado Galáctico, donde despertó grandes simpatías en la Rebelión; en la Alianza rebelde es una líder apreciada por todos y un símbolo de esperanza.

Cónsul en el bosque

El buen carácter de Leia y sus dotes diplomáticas le ayudan a ganarse la confianza de los ewoks que conoce en Endor. El hecho de quitarse el uniforme de combate (derecha) y ponerse la ropa que le fabrican ellos contribuye a ganarse unos humildes aliados que derribarán el Imperio.

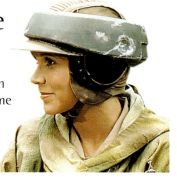

Han Solo

Pistola blaster personalizada

Chaleco negro y camisa ligera de piloto espacial corelliano

PIRATA, MERCENARIO, CONTRABANDISTA y fanfarrón seguro de sí mismo, Han Solo es un individuo tosco del Margen Galáctico. Consiguió salir de la miseria a base de pequeños robos y después logró entrar en la Academia, de la que le expulsaron. Sin embargo, este corelliano es un gran piloto. Han tomó el control de su destino cuando ganó su nave, el *Halcón Milenario*, en la mejor partida de sabacc que ha jugado en su vida. Su reputación como pistolero está a la altura de su fama como capitán del *Halcón*. Es imprudente y temerario, valiente y osado, un aventurero.

Cuando uno de los secuaces de Jabba le amenaza a punta de pistola en la cantina de Mos Eisley, Han Solo mantiene la calma y prepara su blaster lentamente bajo la mesa. Los clientes habituales no avisaron a Greedo de que era mejor no amenazar a Han. Sólo uno de los dos logró levantarse de la mesa por su propio pie.

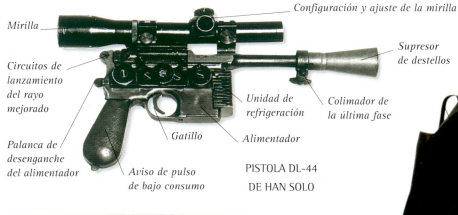

Mirilla

Configuración y ajuste de la mirilla

Circuitos de lanzamiento del rayo mejorado

Supresor de destellos

Unidad de refrigeración

Colimador de la última fase

Gatillo

Alimentador

Palanca de desenganche del alimentador

Aviso de pulso de bajo consumo

PISTOLA DL-44 DE HAN SOLO

Comunicador de androides

Célula energética de alimentación del blaster

Pantalones de capitán

Tira de sangre corelliana

El imponente wookiee Chewbacca es el mejor amigo del capitán Solo y su fiel compañero. Los dos han arriesgado su vida por el otro en muchas ocasiones. Han es un pistolero rápido y Chewbacca tiene una gran fuerza, así que es mejor no rivalizar con ninguno de los dos.

Pistolera de desenfundado rápido

Sujeción de la pistolera al muslo

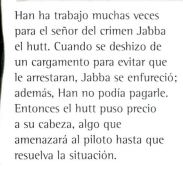

Han ha trabajo muchas veces para el señor del crimen Jabba el hutt. Cuando se deshizo de un cargamento para evitar que le arrestaran, Jabba se enfureció; además, Han no podía pagarle. Entonces el hutt puso precio a su cabeza, algo que amenazará al piloto hasta que resuelva la situación.

DATOS

◆ Solo no sabe quiénes fueron sus padres y fue criado por nómadas espaciales. De su comunidad adoptiva aprendió trucos y también a tener seguridad en sí mismo.

◆ Cuando Solo rescató en el último minuto a Luke Skywalker, salvó a la Alianza rebelde y obtuvo, junto con Chewbacca y Luke, una de las medallas de honor más importantes.

Botas de combate

PANEL DEL LÁSER DEL *HALCÓN*

Con el *Halcón* en plena huida y necesitado de reparaciones, Han Solo se detiene en Bespin para visitar al antiguo dueño de la nave, Lando Calrissian, sin saber con seguridad cómo reaccionará.

Han en carbonita

Tras caer en una trampa tendida por Darth Vader para apresar a su amigo Luke Skywalker, Han Solo es conducido a las entrañas de la Ciudad Nube y congelado en carbonita para probar el proceso con el que se quiere inmovilizar a Luke. Este sistema se utiliza para almacenar el gas tibanna para su transporte, y también para mantener formas de vida en animación suspendida a no ser que el doloroso proceso de congelación las mate.

El *Halcón Milenario*

Esta nave de carga ligera YT-1300 ha vivido una larga historia en manos de diversos capitanes. Todas las modificaciones que ha hecho Han la han convertido en una de las más rápidas del hiperespacio. Incluso a velocidades inferiores a la de la luz, su rapidez y su maniobrabilidad son extraordinarias. El *Halcón* cuenta con un blindaje militar imperial, unos cañones cuatriláser, una rectena sensora último modelo y muchos otros componentes ilegales que se han adaptado para mejorar su funcionamiento. La nave les sirve como vivienda y como potente caballo de batalla.

Han le demuestra a Leia que ser un canalla es mucho más que tener un pasado dudoso. ¿Una princesa con un tipo como él?

Han había oído historias del espacio sobre el legendario gusano espacial titánico, pero se burlaba de ellas y las consideraba historias infundadas. Tras escapar por los pelos del vientre de una de esas criaturas, se convence una vez más de que no hay nada completamente seguro.

Marco de carbonita

Control del sistema vital

Matriz de carbonita

Control del flujo de la carbonita

Control del porcentaje de gas

Control de integridad de la carbonita

Solo, líder rebelde

Tras la victoria de Yavin, Han acepta una misión como capitán de la Alianza rebelde. En la Base Eco del helado mundo de Hoth se ofrece voluntario para las difíciles patrullas del perímetro, a pesar de que no le gustan los tauntauns ni el frío. Han es un líder nato y sirve de inspiración para muchos de los soldados que le rodean.

Chaquetón para temperaturas extremas

MOCHILA SENSORA REBELDE

Antena desplegable

Control de ondas estentrónicas

Indicador de potencia

Ordenador del ciclo de alcance

Alimentación

Electrobinoculares imperiales robados

EQUIPO DE HOTH
Con su nave de patrulla paralizada por el frío polar, los rebeldes tienen que reconocer las llanuras nevadas de Hoth con material portátil. Han Solo es experto en pasar desapercibido y en descubrir a los demás antes de que le descubran, y ayuda a diseñar el plan de reconocimiento del perímetro de la Base Eco.

Chewbacca

ESTE FUERTE WOOKIEE del planeta Kashyyyk fue rescatado de la esclavitud por el intrépido Han Solo. Chewbacca se unió a él para pagar la tradicional deuda de por vida de los wookiees y más tarde «adoptó» al obstinado corelliano y se convirtió en su mejor amigo. El gran wookiee utiliza ahora sus conocimientos de mecánica para mantener en vuelo la veloz nave de Solo, que ha sufrido múltiples modificaciones; es tanto un copiloto de férrea lealtad como un fiel compañero de aventuras. A Chewie le gusta pelear y disfruta con los líos que provoca Solo, pero a veces hace de conciencia de su socio cuando éste se transforma en un hombre demasiado codicioso.

Han Solo y Chewbacca forman una pareja de intrépidos viajeros del espacio. Se les da bien luchar juntos, conocen sus puntos fuertes y confían el uno en el otro. El egocentrismo de Han puede meterles en líos y el temperamento de Chewie puede iniciar peleas, pero ellos saben cuándo disparar y cuándo correr.

La cabina del *Halcón Milenario* es pequeña para su gran volumen, pero Chewbacca se encuentra cómodo entre los innumerables mandos y copilota la nave con seguridad. Cuando Han hace gala de su excelente puntería y se sitúa en una torreta armada durante los combates y las persecuciones espaciales, Chewie toma el mando de la nave.

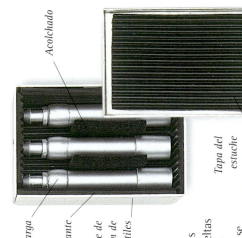

Acolchado

Tapa del estuche de munición

Carga

Forro aislante

Estuche de munición de seis proyectiles

Clavija de detonación

Material luminoso del proyectil de energía

Revestimiento del proyectil

Superficie del cierre del acelerador

CARGA

MUNICIÓN DE LA BALLESTA WOOKIEE
La tradicional ballesta wookiee lanza mediante un acelerador magnético cargas explosivas que, al disparar, quedan envueltas en una penetrante coraza de energía. La ballesta tiene un alcance de 50 metros y se necesita una fuerza inmensa para levantarla.

Ojos azules

Olfato sensible

Bandolera

BOLSA DE CHEWBACCA

Chewbacca se toma mal todas las modificaciones que hace Han en el *Halcón Milenario* durante su estancia en la Base Eco, ya que la nave no queda montada del todo antes de la invasión imperial y, al huir, las armas no funcionan. Sin embargo, más tarde, cuando Lando traiciona a Han en la Ciudad Nube, Chewie casi le mata en un ataque de ira, ya que su lealtad hacia Han sigue siendo absoluta.

Regulador de
ondas inertes

Anilla

Tornillo
de inserción

Toma de aire

Válvula de
entrada de aire
del soporte vital

Clavija de
apertura manual
del mecanismo
de aterrizaje

Desenganche

Contacto
del impulsor

Placas de
acoplamiento
de control

Activador de refasado

Diente del
comprobador
de la polaridad

Abrazadera

INSTRUMENTOS DE REPARACIÓN DE LA NAVE

Chewbacca, que jamás olvida que es mecánico, lleva siempre consigo unas cuantas herramientas en la bolsa de su bandolera, así como objetos que repara en su tiempo libre.

DATOS

◆ La familia de Chewbacca la forman su esposa, Mala; su hijo, Lumpy, y su padre, Itch, y viven en su planeta natal, Kashyyyk. Chewbacca tiene más de 200 años, y eso entre los wookiees es estar en la flor de la vida.

◆ A Chewbacca le encantan los juegos de estrategia, pero no soporta perder, sobre todo ante alguien a quien no conoce.

Pelo denso
y lanudo

C-3PO
ANDROIDE DE PROTOCOLO

EN UNA GALAXIA repleta de infinitos idiomas y culturas, los androides de protocolo ayudan a sus amos en temas de etiqueta, costumbres y traducción, además de garantizar que las relaciones interculturales se desarrollen en paz. C-3PO domina más de seis millones de formas de comunicación y tiene el deseo firmemente programado de que las cosas funcionen con calma; pero no está preparado para los turbulentos hechos a los que acabó enfrentándose. Transportado a un mundo de aventura, este personaje suele verse superado por la gran acción que se genera a su alrededor, pero siempre siendo fiel a sus amos.

Da la impresión de que 3PO nunca sale ileso de sus aventuras. Por suerte, sus robustos compontes se pueden reparar y volver a montar sin problemas.

Emisor/sensor de microondas

Ordenador de función lógica

Infrarroja

De neón

Humana

SISTEMA DE VISIÓN MÚLTIPLE MK 2

Fotorreceptores

Abrazadera de fotorreceptor

Vocabulador

Discos de memoria lingüística

MÓDULO DE COMUNICACIONES TRANLANG III (AMPLIADO)

Sensor auditivo

Sensor olfativo

Anillas de protección de la memoria

Soporte de la clavija de contención

Modificador de la salida de audio

Transductor de energía

Generador de habla

Acoplamiento del sistema interno de autosellado

Impulsor del movimiento

Abrazaderas de sujeción

INTERFASE DE CONTROL DE LOS SISTEMAS LOCOMOTORES (AMPLIADA)

Acoplamiento de la muñeca

Cables de conexión del multisistema

Toma del empalme de alimentación principal

Armonizador de ondas

Empalme de alimentación principal

Conector del dispositivo de retención

SISTEMA DE EMPALME DE RECARGA

Cable C del bus de alimentación

Servomotor pélvico

Empalme intermotor de impulsión

Cables de acoplamiento del bus de alimentación

MOTOR DE MIEMBROS TERCIARIO

Sistemas cognitivos

Clavijas de acoplamiento de módulos

Sistemas de la parte superior del cuerpo

Sistemas de la parte inferior del cuerpo

Principal conducto arterial de grasa

Rodilla reforzada

EMPALME DE ALIMENTACIÓN

Este distribuidor de alimentación desvía las pulsaciones energéticas de C-3PO a tres subsistemas independientes. Cada clavija conecta un módulo con un subsistema. Las sobrecargas de potencia y las zonas problemáticas se aíslan fácilmente, por lo que los daños en un área no tienen por qué afectar a otros componentes.

DATOS

◆ C-3PO ha servido a muchos diplomáticos y nobles a lo largo de los años. Luke Skywalker es su amo número cuarenta y tres.

◆ Una anilla metálica desprendida de la rodilla izquierda de C-3PO sirvió a los soldados de asalto de Darth Vader para seguirles la pista a los androides en Tatooine.

◆ Acostumbrado a la alta sociedad y a los ambientes refinados, 3PO aborrece el polvo y la arena que se le meten en las articulaciones cuando viaja al exterior.

◆ Aunque es habitual que C-3PO y R2-D2 riñan, ambos androides se han ayudado mutuamente en muchos momentos difíciles.

◆ Los acoplamientos de los componentes de C-3PO están diseñados de forma que se sueltan y no se rompen, por lo que pueden repararse con facilidad.

Placa de espinilla recuperada

Revestimiento de pie reforzado

Empalme intermotor de impulsión

LLAVE DEL PROCESADOR

Revestimiento de pie recuperado

Los androides de protocolo suelen trabajar en pareja con otras unidades de mantenimiento o de utilidades que tienen una capacidad de comunicación limitada; así, el androide de protocolo interpreta sus mensajes para los amos humanos. C-3PO y su pareja R2-D2 forman un equipo muy capaz gracias a sus múltiples aptitudes.

Fusible del alimentador

Acoplamiento de la salida de datos

Abrazadera estructural

Líneas de alimentación de datos

Girosensor

Bastidor de alimentación cinético

SERVOMOTOR PÉLVICO (AMPLIADO)

Este procesador de movimiento y de equilibrio femoral permite a C-3PO imitar con precisión los movimientos humanos, y eso le ayuda en el trato con las personas para cumplir sus tareas de protocolo.

R2-D2
ANDROIDE ASTROMECÁNICO

R2-D2, UN COMPLEJO androide diseñado para reparar ordenadores y recuperar información, es una unidad astromecánica de gran utilidad llena de todo tipo de equipamiento. Su largo historial de aventuras le ha convertido en un androide con un temperamento caprichoso y una personalidad especial. R2 demuestra tener una fuerte motivación para conseguir las tareas que se le ordenan y hace gala de una determinación obstinada y una inventiva extraordinarias en un androide de utilidades. Un androide de protocolo como C-3PO tiene que traducir sus pitidos y sus silbidos para que lo entiendan sus amos humanos; aún así, R2 siempre se comunica directamente, sin intérprete. Es un androide muy leal, y nunca duda en arriesgarse a sufrir daños o a ser destruido con el fin de ayudar a sus amos y cumplir sus misiones.

Cuando R2-D2 desaparece en un pantano de Dagobah, Luke cree haber perdido para siempre a su compañero... hasta que el periscopio del androide sale de las lóbregas aguas.

La princesa Leia le confía a R2-D2 los planos robados de la *Estrella de la Muerte* y también el mensaje urgente para Obi-Wan Kenobi, que R2 consigue fielmente entregar. Una de las habilidades estándar de R2 es la grabación y la proyección de hologramas.

La unidad R2 es un componente vital en el caza X Incom T-65. Los arreglos del androide en el vuelo permiten el óptimo funcionamiento de la nave. La mayoría de los pilotos quiere usar el androide disponible que esté en las mejores condiciones, pero Luke Skywalker se encariña con R2-D2 y le escoge para que le acompañe en el ataque a la *Estrella de la Muerte*.

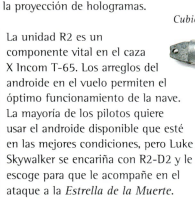

DATOS

◆ R2 es un androide robusto y de larga duración que tiene más años todavía que su compañero C-3PO.

◆ R2-D2 sabe engañar con imaginación cuando es necesario, lo que hace que 3PO se lleve las manos a la cabeza. Uno de los engaños de R2 dio inicio a todas las aventuras de Luke.

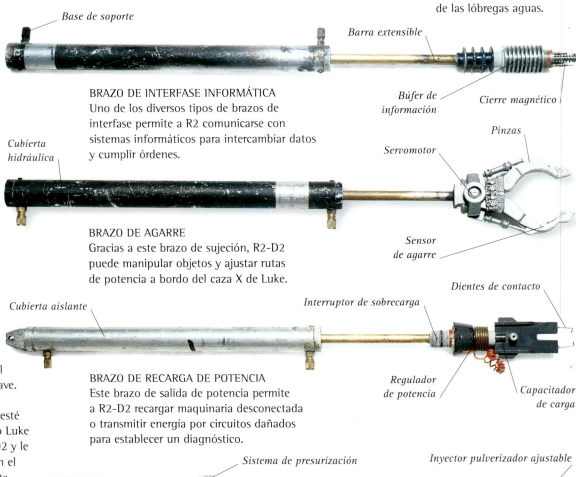

Base de soporte

Barra extensible

BRAZO DE INTERFASE INFORMÁTICA
Uno de los diversos tipos de brazos de interfase permite a R2 comunicarse con sistemas informáticos para intercambiar datos y cumplir órdenes.

Búfer de información

Cierre magnético

Cubierta hidráulica

Servomotor

Pinzas

BRAZO DE AGARRE
Gracias a este brazo de sujeción, R2-D2 puede manipular objetos y ajustar rutas de potencia a bordo del caza X de Luke.

Sensor de agarre

Cubierta aislante

Interruptor de sobrecarga

Dientes de contacto

BRAZO DE RECARGA DE POTENCIA
Este brazo de salida de potencia permite a R2-D2 recargar maquinaria desconectada o transmitir energía por circuitos dañados para establecer un diagnóstico.

Regulador de potencia

Capacitador de carga

Sistema de presurización

Inyector pulverizador ajustable

Filtro de lubricante

Bobina de calentamiento de lubricante

Tubo de salida de presión

Servomotor de rotación

BRAZO DE APLICACIÓN DE LUBRICANTE

Brazos desplegables

Los brazos desplegables de R2-D2 incluyen puntas de soldadura, dispositivos de corte, abrazaderas y cables magnéticos despolarizadores. Muchos de esos dispositivos se encuentran en sus diversos compartimentos, y R2-D2 puede equiparse con muchos otros para tareas especiales gracias a un diseño de componentes intercambiables.

R2-D2 utiliza su extintor de incendios con imaginación para ocultar a sus amigos del ataque de los soldados de asalto.

Malla
del escáner de
formas de vida

Fotorreceptor principal
y ojo de radar

Entrada de la tarjeta
de datos

Placa
de aleación inerte

Amplificador
de señales

Pantalla de la
función lógica

Indicador de estado
del procesador

Proyector
holográfico

Rejilla de
sobrecarga térmica

BASTIDOR Y REJILLA
DEL SISTEMA
MOTRIZ

Barra
reforzada

BOMBILLA
DE PROYECCIÓN
DE HOLOGRAMAS

Cabezal de
entrada sensorial

Compartimento de la
interfase informática
y de los brazos de
aplicación de lubricante

Anilla de rotación de la cabeza

Ranura de datos
de acoplamiento a naves

Extensión
hidráulica

Empalme de
impulsión

Brazos de
control y de
acoplamiento
a naves

Señalizador
acústico

Ventilación
del sistema

Experiencias
almacenadas

Conexión
al procesador
lógico
principal

CHIP DE
MEMORIA

ANTENA DE ESCÁNER

Compartimento
del brazo de recarga

Receptores de entrada para
diagnóstico de sistemas

EMPALME DE
ALIMENTACIÓN
PRINCIPAL

Estabilizadores de
pulsaciones de interferencias

Compartimento
del brazo de agarre

Salida de polaridad

Escape de calor

Empalme de
realimentación

Revestimiento
de durasteel

Las unidades
astromecánicas son
androides estándar,
por lo que el
personal de Jabba
pudo encontrar un
accesorio para que
R2-D2 sirviera
bebidas a bordo
de su barcaza.

Células energéticas
de locomoción

Cables
del bus de
alimentación

Tercera pata
(retráctil)

Patas motorizadas todoterreno

Lando Calrissian

El PRESUNTUOSO BARÓN administrador de la Ciudad Nube, tiene un pasado que, en Bespin, pocos conocen. Como granuja y timador, Lando amasó una gran fortuna y dejó atrás sus modestos inicios. Se convirtió en un osado contrabandista con talento para los negocios y con la mala costumbre de jugar. Pilotó el *Halcón Milenario* durante años antes de perderlo jugando contra Han Solo en una partida de sabacc. En esa misma partida consiguió más tarde el control de la fabulosa colonia minera de gas de Bespin. El extravagante gobernante de la Ciudad Nube combina su estilo con un sentido de la responsabilidad adquirido recientemente y ha acabado por encontrarse a gusto en su papel de barón administrador.

Sonrisa seductora

Blaster rebelde que tomó prestado

Camisa tarelle de tejido sel

Cinturón de estado de barón administrador

Forro de seda de Aeien

Emblemas reales

Capa de barón

Zapatos de Liwari hechos a mano

La Ciudad Nube

Suspendida en el cielo, sobre el núcleo de la masa gaseosa de Bespin, la Ciudad Nube fue antaño la sede de los grandes líderes reales. Ese glorioso pasado ha llenado el horizonte de unas construcciones majestuosas, monumentales y de una belleza etérea. La ciudad se sostiene sobre una única columna gigante que nace en un reactor-procesador. En el núcleo hueco de la ciudad existen una paletas de dirección gigantescas que controlan la situación de la base en el espacio.

Antena de retransmisión

Micrófono

Procesador de señales

ENLACE DE COMUNICACIONES

Empuñadura

En la Ciudad Nube hay ciudadanos trabajadores con tecnología avanzada, e instalaciones que procesan el gas antigravitacional tibannar para la exportación; es un gas poco común que se encuentra en la atmósfera de Bespin.

Calrissian se ve obligado a traicionar tanto a Han Solo como a sus amigos ante Darth Vader para mantener la libertad de la Ciudad Nube. Cuando Lando descubre que Vader no va a cumplir su trato, prepara el rescate y la huida con su ayudante, Lobot.

El general Lando

Tras huir de la Ciudad Nube y convertirse en un renegado del Imperio, Lando se unió a las filas rebeldes. Gracias a su acertado juicio en la batalla de Tanaab consiguió un ascenso; así el antiguo timador y barón pasó a ser general de la Alianza. Una vez más, lleva una capa que muestra honor y autoridad. Lando ha superado su egocentrismo pasado y, aunque sigue buscando aventuras, ahora lo hace al mismo tiempo que contribuye con sus esfuerzos a una gran causa.

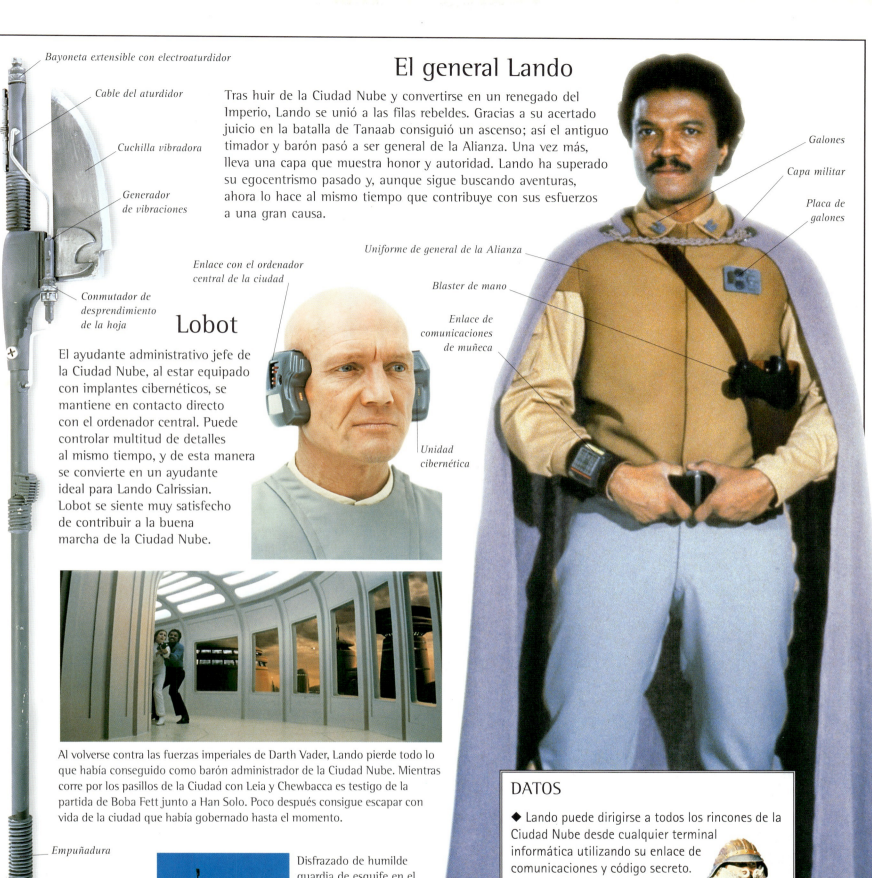

Bayoneta extensible con electroaturdidor

Cable del aturdidor

Cuchilla vibradora

Generador de vibraciones

Conmutador de desprendimiento de la hoja

Enlace con el ordenador central de la ciudad

Galones

Capa militar

Placa de galones

Uniforme de general de la Alianza

Blaster de mano

Enlace de comunicaciones de muñeca

Lobot

El ayudante administrativo jefe de la Ciudad Nube, al estar equipado con implantes cibernéticos, se mantiene en contacto directo con el ordenador central. Puede controlar multitud de detalles al mismo tiempo, y de esta manera se convierte en un ayudante ideal para Lando Calrissian. Lobot se siente muy satisfecho de contribuir a la buena marcha de la Ciudad Nube.

Unidad cibernética

Al volverse contra las fuerzas imperiales de Darth Vader, Lando pierde todo lo que había conseguido como barón administrador de la Ciudad Nube. Mientras corre por los pasillos de la Ciudad con Leia y Chewbacca es testigo de la partida de Boba Fett junto a Han Solo. Poco después consigue escapar con vida de la ciudad que había gobernado hasta el momento.

Empuñadura

Unidad de alimentación de la hoja y el electroaturdidor

Estructura reforzada

VARA CON HACHA VIBRADORA

Disfrazado de humilde guardia de esquife en el palacio de Jabba, Lando se adentra en el foco del peligro para rescatar a Han Solo. Para ello se vale de sus antiguas artimañas de timador; en el palacio nadie sospecha de él hasta que es demasiado tarde.

DATOS

◆ Lando puede dirigirse a todos los rincones de la Ciudad Nube desde cualquier terminal informática utilizando su enlace de comunicaciones y código secreto.

◆ Lando utiliza a un contacto de Tatooine para conseguir un puesto de guardia en el palacio de Jabba.

Obi-Wan Kenobi
CABALLERO JEDI

En los lejanos y remotos desiertos de Jundland vive el ermitaño Ben Kenobi; es un personaje misterioso para los colonos de Tatooine y muchos lo consideran un mago loco. En realidad, Kenobi es un caballero jedi, un gran guerrero de la Antigua República que luchó en las Guerras Clónicas. Uno de sus alumnos abrazó el lado oscuro de la Fuerza, traicionó al jedi y ayudó al emperador en su ascenso. Abrumado por su fracaso con ese hombre, que se convertiría en Darth Vader, Kenobi se retiró a Tatooine para vigilar al joven Luke Skywalker y esperar el momento adecuado de revelarle su herencia como hijo de jedi. Los poderes de Kenobi le convierten, a pesar de su vejez, en una amenaza para el Imperio.

Capa con capucha

Vestimenta de jedi

De acuerdo con la filosofía jedi, Kenobi vive con sencillez. En su cabaña tan sólo hay unos cuantos recuerdos de su pasado y de sus grandes hazañas. En ella es donde Kenobi entrega a Luke la espada de luz de su padre.

Los jedis y los pistoleros emplean las bolas de entrenamiento flotantes para agudizar los reflejos y desarrollar la coordinación. Se pueden programar diversos grados de agresividad; las descargas eléctricas pueden ser desde inofensivas hasta dolorosas.

Surtidor de aire

Emisor de sacudidas eléctricas

Sensor de seguimiento

BOLA DE ENTRENAMIENTO

A bordo de la *Estrella de la Muerte*, Kenobi aplica sus conocimientos técnicos y sus poderes mentales jedi para desactivar un rayo tractor muy importante sin que se descubra su presencia. Es su primer acto heroico.

Incluso tras haber caído derrotado en manos de Vader, el espíritu de Kenobi regresa para guiar a Luke en su camino jedi. En Hoth, a punto de morir, Luke ve a Kenobi justo antes de que Han Solo le rescate.

Kenobi es quien despierta las facultades jedi de Luke y quien inicia su formación, pero el joven tiene poco tiempo para aprender de él, porque Ben debe enfrentarse a su último duelo de espadas de luz. Más tarde, volverá a encontrarse con el espíritu de Ben.

DATOS

◆ Ben Kenobi rescató una vez a Luke cuando el chico se perdió con su amigo Windy en el desierto de Tatooine. A pesar de ello, Owen Lars prohibió para siempre a Kenobi acercarse a su granja.

◆ Luke Skywalker regresa al hogar de Ben Kenobi para construir su propia espada de luz tras perder la de su padre en la batalla de la Ciudad Nube.

Yoda
MAESTRO JEDI

No SE DEBE juzgar al sabio maestro jedi por su pequeño tamaño, ya que su poder consiste en su Fuerza. A sus casi 900 años, las décadas de contemplación y de formación le han dotado de una gran perspicacia y de facultades profundas. Uno de sus mayores retos es la formación del impaciente Luke Skywalker, que viaja a Dagobah para convertirse en jedi. En el poco tiempo que tiene para instruirle, Yoda debe transmitirle la fe, la paz y la armonía de la Fuerza que harán realidad el potencial del joven y le servirán de defensa frente al oscuro sendero de la tentación, la ira y la maldad. Yoda enseña a su último alumno la base de las antiguas tradiciones jedi, que suponen la última esperanza de la galaxia.

Vestimenta de jedi

Gracias a la Fuerza, Luke Skywalker ve a sus mentores, Yoda y Obi-Wan, así como a Anakin, su padre. Los tres conocen finalmente la paz gracias a los heroicos esfuerzos de Luke. Unidos en la Fuerza, sus espíritus jedi han alcanzado la plenitud.

En Dagobah, Yoda se vale de su armonía con el mundo natural para vivir en paz con los recursos que tiene a su alrededor. Su vara de gimer, por ejemplo, le sirve de bastón así como de fuente del delicioso zumo de ese árbol, que se obtiene al masticar la corteza.

ROCA CURATIVA

Dagobah

El inhóspito Dagobah, un remoto planeta lleno de pantanos y brumas, oculta una tremenda variedad de formas de vida, incluidos árboles de nudos, insectos carniceros y babosas de pantano. Es un buen escondite durante los oscuros días del Imperio.

SEMILLA DE YARUM
(variedad utilizada para el té)

ESPORAS DE HONGOS

SEMILLAS DE GALLA

CORTEZA DE SOHLI

Piel verde
Oído sensible
Bastón de gimer
Pies tridactilares

Los días de Yoda pasan en la meditación y el conocimiento del infinito tapiz que representa la vitalidad de la Fuerza. Como Obi-Wan, se oculta tras una falsa identidad de locura inofensiva, la misma que utiliza para probar a Luke cuando llega a Dagobah. Obi-Wan ya le había prevenido una vez al joven Skywalker: «Los ojos pueden engañarte. No confíes en ellos.»

DATOS

◆ La casa de Yoda refleja su unidad con la naturaleza, ya que no contiene instalaciones ni aparatos tecnológicos y él mismo fabricó con sus manos todo el mobiliario con barro, palos o piedras.

◆ En los días anteriores al siniestro Imperio, Yoda tuvo un escaño en el Alto Consejo Jedi, en el planeta Coruscant, capital de la República.

Los líderes rebeldes

APREMIADA POR LA falta de naves y armas, la Alianza rebelde confía en sus líderes para sacar el máximo partido de lo que tiene a su alcance. Son hombres y mujeres con altísimos niveles de virtuosismo y responsabilidad: hay desde nobles e importantes miembros del Gobierno hasta mecánicos, pilotos y comerciantes que han respondido a la llamada de la justicia y de la libertad. Un buen líder rebelde puede superar la ventaja numérica del Imperio con una táctica ingeniosa, o encontrar las palabras necesarias para atraer nuevos aliados. La Alianza reconoce los méritos de sus miembros y los individuos competentes pasan pronto a ocupar puestos de responsabilidad.

Carlist Rieekan

El ceñudo general Rieekan mantiene los siete niveles ocultos de la Base Eco en un estado de alerta constante, por temor a ser descubierto por las fuerzas imperiales. El terrible frío de Hoth dificultó la vigilancia de los perímetros de la base hasta que la flota rebelde se adaptó al hielo.

VISTA DERECHA DEL BLASTER REBELDE DH-17

Telémetro

Punta de colimación

Conductos de ventilación

Recámara

Amplificador de luz

Mirilla

Pantalla de objetivo electrónica

Tapa de acceso a la célula de gas

Célula de gas del blaster

Botones de ajuste de fuerza

Empuñadura

Cierre de seguridad

Gatillo

Supresor de destellos para camuflaje nocturno

BLASTER REBELDE DH-17
Aunque no tiene tanta potencia ni tanto alcance como un blaster militar imperial, el DH-17, utilizado normalmente por las fuerzas rebeldes, es un arma de nave y de combate cuerpo a cuerpo que da muy buenos resultados.

El mundo helado de Hoth acoge a la Base Eco, donde los rebeldes se refugian tras el descubrimiento de la base de la cuarta luna de Yavin. Hoth sólo les sirve de protección por poco tiempo, ya que más tarde un androide sonda imperial los descubrirá.

Jan Dodonna

El general Jan Dodonna, un intrépido maestro estratega, dirige el asalto rebelde a la *Estrella de la Muerte* en la Batalla de Yavin. Aunque los planos robados aportaban información técnica completa de la estación, ésta seguía pareciendo invulnerable. Pero Dodonna encontró un punto débil: debían superar las defensas de la *Estrella de la Muerte* y destruir una pequeña abertura de salida térmica. Gracias a esa estrategia, una flota de 30 cazas unipersonales aniquiló una estación de batalla de más de 60 kilómetros de amplitud.

Las fuerzas rebeldes consiguieron sus primeras victorias contra el Imperio al atacar desde hangares ocultos en las profundidades de antiguos templos de la remota y tropical cuarta luna de Yavin.

La pantalla táctil de la base Massassi, en Yavin 4, detecta a la *Estrella de la Muerte*, mientras gira alrededor de Yavin para destruir la fortaleza rebelde. La pantalla permite una ampliación limitada de la imagen, con lo que se supervisa los movimientos de las naves en la batalla.

Nervio central reforzado

Insignia de escuadrón anterior a la rebelión

Marca de unidad rebelde

CASCO REBELDE
Los líderes de la batalla son tan importantes para la rebelión como los cerebros estratégicos. El abollado casco de Garven Dreis, líder rojo de un escuadrón de cazas X, sirve de testimonio de sus numerosos servicios en el campo de batalla.

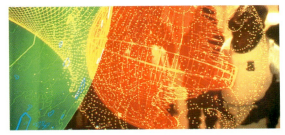

Medalla de la libertad chandrilliana

Mon Mothma

Mon Mothma es la líder principal de la rebelión. Como miembro del Senado Galáctico, luchó por la causa de la libertad hasta que la maldad del Emperador se acercó demasiado. Entonces abandonó el Senado, fundó la Alianza rebelde y sigue reforzándola gracias a sus dotes diplomáticas y de negociación.

Un monitor táctico del centro de mando de la Alianza muestra el escudo defensivo proyectado alrededor de la segunda *Estrella de la Muerte* desde la luna selvática de Endor. En la pantalla aparecen también zonas del interior de la *Estrella*.

Almirante Ackbar

El prudente almirante Ackbar, líder de la flota rebelde, procede del mundo oceánico de Mon Calamari. Ackbar estaba esclavizado por el gran moff Tarkin, pero los rebeldes lo rescataron y convenció a su pueblo para que se uniera a la Alianza. El pueblo de Mon Calamari aportó cruceros gigantes estelares, que son las mayores naves de la flota rebelde.

El almirante Ackbar dirige la flota rebelde desde el asiento de su nave insignia, la *Fragata Cuartel General*, uno de los cruceros estelares de Mon Calamari que su pueblo donó a la Alianza.

Cuando sus bases secretas fueron descubiertas y destruidas, los rebeldes se refugiaron en el espacio para escapar del Imperio. La Alianza mantiene un centro móvil de mando a bordo de la *Fragata Cuartel General* de Mon Calamari, desde donde se dirige la flota.

Piel impermeable

Chaleco del uniforme de Mon Calamari

Insignia de mando

Cinturón de utilidades

Tejido especial para retener la humedad

Suelas de gran fijación

DATOS

◆ La rebelión recibe gran ayuda de la red de espías Bothan, una organización secreta de agentes audaces que cubre toda la galaxia. Los equipos de Bothan sufren importantes pérdidas para conseguir sus objetivos.

◆ Esta nave de escolta *Nebulon B* de 300 metros de eslora sirve de fragata médica para la flota rebelde.

Los tauntauns

LOS LAGARTOS DE las nieves, denominados tauntauns, son una de las pocas formas de vida que habitan el planeta helado de Hoth. En los diferentes terrenos de este planeta viven diversas razas de tauntaun: las manadas que recorren la tundra cubierta de musgo, los tauntauns solitarios de las montañas y los grupos reducidos que habitan las profundidades de las cavernas de hielo y se alimentan de liquen. Sobreviven a las noches de frío intenso ralentizando su metabolismo hasta casi detenerlo, y pueden morir si se les obliga a realizar actividades una vez ha llegado el frío nocturno.

CABEZA DE TAUNTAUN

CRÁNEO DE TAUNTAUN

Patrullas de tauntauns

Para las tropas rebeldes de la Base Eco de Hoth, los tauntauns son más fiables que los vehículos de patrulla, que a menudo quedan detenidos por los vientos y el frío. Estos animales fueron amaestrados durante las primeras fases de construcción de la Base Eco. Los tauntauns son obedientes, se dejan montar y son muy resistentes, pero segregan espesas grasas y despiden un olor desagradable. Los patrulleros montan sus tauntauns con el fin de encontrar rastros de las fuerzas imperiales.

Gorro térmico

Orejas

Cuernos para el combate

Riendas

Observador de patrulla rebelde

Silla

Fuertes labios para arañar el liquen

Material de supervivencia

Hoth

Hoth es inhabitable a excepción de la franja subártica que rodea el ecuador. La Base Eco de los rebeldes se encuentra en el nevado borde norte de esa franja. La mayor parte de los tauntauns vive en la tundra ecuatorial y se alimenta de liquen y de gusanos de los hielos.

Piel gruesa y grasienta

Glándulas de secreción de grasa

Órganos internos, protegidos bajo capas de grasa y músculos

Estribos

Garras para separar el hielo y el liquen

Cola para mantener el equilibrio al correr

Patas musculosas

Pies tridactilares

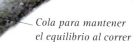

DATOS

◆ Las frecuencias ultrasónicas de algunos androides como esta unidad táctica 3PO, irritan a los tauntauns, y éstos tienden a golpearles con la cola. Los androides tienen mucho cuidado con ellos.

◆ Muchos de los tauntauns que los rebeldes utilizan para salir de patrulla se descubrieron en las cavernas heladas que se convertirían después en la Base Eco.

En diversas ocasiones, los wampas, criaturas de los hielos que recorren las cavernas y los túneles por las noches, han matado a tauntauns en los establos de la Base Eco. Los androides médicos analizaron y determinaron el origen de las heridas.

28

Los androides médicos

LA PRESENCIA DE un androide médico reconforta a cualquier soldado rebelde que haya sufrido heridas. Los androides médicos están equipados con bancos de memoria enciclopédicos y algoritmos de análisis estadístico, lo que les permite saber con certeza el tratamiento adecuado en cada caso. Son fiables y poseen mucha información, por eso muchas veces devuelven la salud incluso a pacientes con heridas muy graves.

Centro lógico

Sensores visuales de multiondas

Las bacterias químicas sintéticas pueden curar graves heridas en la carne. Para ello se sumerge al paciente en tanques llenos de esta mezcla bacteriana, que se filtra y revitaliza constantemente.

Unidad de vocalización

Escáner de difracción magnética

Bancos de datos médicos

Sensor visual

Transmisor de salida de datos de gran velocidad

Servomotor de precisión

Entrada de datos auxiliar

Bancos de datos

Líneas hidráulicas

Armazón corporal transparente

SISTEMAS INTERNOS

Procesadores de análisis

Bombas del sistema hidráulico

Brazo operador del equipo

Brazo de toma de temperatura

Rotador de la muñeca

Mano de movimientos precisos

Brazo de pruebas de pH

FX-7

El modelo FX-7 es principalmente un androide médico ayudante. Con sus múltiples brazos puede obtener en seguida el diagnóstico de un paciente, ya que realiza diversas pruebas y mediciones adaptadas a las necesidades de las distintas especies. Este androide es también experto en el manejo del instrumental médico. Gracias a la información precisa que aporta el FX-7, el androide médico principal puede determinar el tratamiento adecuado.

Brazo sensor bioeléctrico

Brazo de toma de la presión

Junta de la rodilla

2-1B

Este androide, excelente médico especialista y cirujano, es capaz de realizar operaciones de extrema precisión sin dejar apenas cicatrices. Tras su larga experiencia con seres humanos, el 2-1B es considerado muy competente, y además, parece que se preocupa por sus enfermos.

Base de rotación de los brazos

DATOS

◆ El modelo 2-1B se mueve con suavidad gracias a sus sistemas hidráulicos de precisión.

◆ El 2-1B curó las heridas de Luke Skywalker en Hoth. Luke solicitó que el androide volviera a ocuparse de él tras perder una mano en la Ciudad Nube.

Darth Vader

DARTH VADER, UNA figura imponente y siniestra, recorre acechador los pasillos de la flota imperial. Es considerado desde hace tiempo un despojo humano, un loco; y, gracias al creciente favor del emperador Vader, su influencia y sus poderes han aumentado hasta convertirse en un líder militar muy temido. El gran moff Tarkin fue uno de los pocos que reconocieron las aptitudes de Vader, a pesar de su peculiar aspecto y de su excéntrico comportamiento; como mano derecha del moff, Vader alcanzó un enorme respeto entre las altas esferas de las fuerzas imperiales. Vader, que no podría sobrevivir sin el soporte vital constante de su traje, es, no obstante, una figura impactante cuyo conocimiento del lado oscuro de la Fuerza le convierte en un ser desconcertante y peligroso.

Receptáculo de los sensores magnéticos

Proyector de habla y entrada respiratoria

Rejilla de respiración

Vértebras cervicales metálicas

Capa

Receptores de intensificación de la visión

Vader ascendió en las filas imperiales al luchar contra el resentimiento y el desdén de los oficiales superiores. Por el camino se ganó el respeto y el miedo de los soldados y de los mandos por sus valientes actos y su presencia en la primera línea de mando.

Placa blindada de protección del pecho, gravemente herido

Órganos internos cibernéticos

Placa pectoral de control

Conectores de la función de control

Vader no permite que nadie le ayude con su equipo. En una cámara aislada especial, unos brazos mecánicos le ayudan a quitarse y a colocarse algunos componentes del traje.

Antebrazo cibernético

PLACA PECTORAL.
Los sistemas de soporte vital de Vader se controlan por este panel central, en la placa pectoral de su traje. Las ramuras permiten insertar tarjetas de diagnóstico para hacer las revisiones periódicas del sistema, mientras que los paneles de conmutación modifican las funciones.

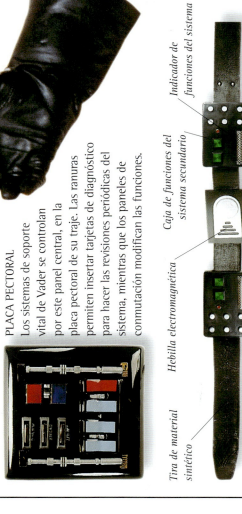

Indicador de funciones del sistema

Caja de funciones del sistema secundario

Activador de control; es necesario apretarlo para que funcione la placa pectoral de Vader

Hebilla electromagnética

CINTURÓN DE DARTH VADER

Tira de material sintético

Caja de funciones del sistema principal

Vader, junto con el Emperador, intentó convencer a Luke de que pasara al lado oscuro de la Fuerza. En una reñida lucha de espadas de luz, Vader tentó a Luke con la propuesta de que los dos juntos podrían derrocar al Emperador. Es imposible saber a quién era leal en aquel momento el tenebroso Vader.

DATOS

◆ Con el paso de los años, Vader ha ido dominando cada vez más el lado oscuro de la Fuerza y lo ha utilizado para mantener su dañado cuerpo, así como para someter a sus oponentes a su voluntad. Bajo la tutela del emperador, Vader aprendió a matar con un simple gesto.

◆ Vader se lesionó en una batalla contra su antiguo profesor, Obi-Wan Kenobi, y gran parte de su cuerpo ha sido sustituida por órganos artificiales.

◆ Cuando Vader entra en combate pilotando un caza, provoca la ira de los altos oficiales.

Anakin Skywalker

El horror y la tragedia de Darth Vader quedan revelados cuando le confiesa a Luke Skywalker que es su padre. Vader desea que Luke siga el mismo camino de oscuridad, de odio y de furia que destruyó a Anakin Skywalker. Sin embargo, Vader se encuentra con un joven decidido a lograr la redención de su padre a pesar de todo lo que éste ha llegado a ser.

EL INTERIOR DEL CASCO DE VADER

El casco de Vader es la parte más importante de su traje de soporte vital. Está conectado a una mochila plana que hace circular el aire por sus dañados pulmones y mantiene en su sitio el cráneo, que sufrió heridas horripilantes.

Cierre hermético

Distribuidor de potencia

Células energéticas múltiples de alimentación

Soporte del cuello

Radiadores del sistema eléctrico

Procesador de voz

Bomba de aire del casco

Cierre hermético

Superficie de cierre del casco externo

Tubo de alimentación de nutrientes

Botas blindadas que unen los elementos cibernéticos a la carne

Reguladores de la temperatura corporal

Sensor medioambiental principal

Filtro de proceso del aire

Líderes imperiales

LA FLOTA ESPACIAL del Imperio y sus fuerzas de asalto se encargan de imponer la voluntad del Emperador. Los líderes militares imperiales cumplen sus órdenes y ocupan los puestos de auténtico poder del Nuevo Orden. El precio a pagar por el fracaso puede ser la muerte, pero la ambición por llegar a los puestos más altos provoca una fuerte competencia entre los oficiales. Aunque la burocracia y los caprichos políticos pueden situar a hombres incompetentes en puestos de responsabilidad, muchos de los mandos del Imperio son formidables militares con talento dentro de un sistema que valora la eficacia implacable.

CONTROL DE SEGUIMIENTO
El control de seguimiento de la *Estrella de la Muerte* muestra cómo la cuarta luna de Yavin asoma tras un planeta y se coloca en el ángulo de tiro.

Superláser

Abertura de salida

LA PRIMERA *ESTRELLA DE LA MUERTE*
La *Estrella de la Muerte* contiene un reactor de hipermateria que puede generar la potencia suficiente para destruir todo un planeta. Pero la estación espacial, aunque es invulnerable a un ataque a gran escala, tiene una debilidad fatídica en un pequeña abertura de salida térmica (conectada directamente con el reactor principal), que puede ser destruida por un caza.

Cubierta de aterrizaje

A bordo de la *Estrella de la Muerte* original, hay una sala de conferencias donde se proyectan lecturas tácticas holográficas para que Tarkin y sus estrategas imperiales las analicen.

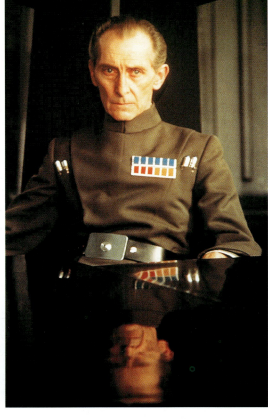

El gran moff Tarkin

El gran moff Wilhuff Tarkin, gobernador de las Regiones Remotas del Imperio, concibe la horrenda arma que es la *Estrella de la Muerte* como parte de su doctrina de gobierno basada en el miedo. Las Regiones Remotas comprenden sistemas muy desperdigados que no se pueden vigilar adecuadamente, pero el miedo a la *Estrella de la Muerte* sirve para subyugar a los sistemas de toda la galaxia.

PANTALLA DE OBJETIVOS SUPERLÁSER

ARTILLEROS DE LA *ESTRELLA DE LA MUERTE*
Los líderes de artillería obedecen las órdenes de sus superiores y se encargan de que las titánicas energías de los sistemas de láser de la *Estrella de la Muerte* no se sobrecarguen o no entren en desequilibrios de fase que podrían provocar enormes explosiones internas.

Emblema de la flota imperial

Antena

Transmisor/ receptor

Lente blindada

CASCO DE ARTILLERO DE LA *ESTRELLA DE LA MUERTE*

Casco de aleación neutra

Túnica de oficial

Disco de oficial imperial

Placa de galones

General Veers

El general Maximillian Veers es el cerebro del devastador asalto a la Base Eco y dirige esta acción en persona desde el interior de la cabina del vehículo principal. Veers es un individuo astuto y competente y un oficial imperial modelo.

Cilindro de código imperial

Disco de oficial

ALMIRANTE PIETT

ALMIRANTE OZZEL

CAPITÁN NEEDA

Túnica

MOFF JERJERROD

El emperador Palpatine

DURANTE LOS ÚLTIMOS días de la República, el senador Palpatine utilizó el engaño para salir elegido presidente del Senado Galáctico. Una vez en el cargo se autoproclamó Emperador, declaró la ley marcial en toda la galaxia y empezó a gobernar con la ayuda de las fuerzas militares de la recién creada flota imperial. Palpatine utilizaba la vestimenta sencilla de un hombre humilde, pero sus poderes de persuasión y de control procedían de las profundidades más tenebrosas del lado oscuro de la Fuerza. Aunque la Fuerza le deformó el rostro, también le ha mantenido con vida durante muchos años. El Emperador sigue siendo una figura de temible poder, a pesar de su avanzada edad.

Capucha para ocultar el rostro

Capa sencilla

A las llegadas ceremoniales del Emperador asisten en masa miles de soldados de asalto, mientras que los cazas desfilan por los aires.

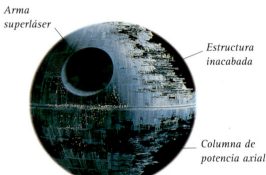

Arma superláser

Estructura inacabada

Columna de potencia axial

LA SEGUNDA *ESTRELLA DE LA MUERTE*
El Emperador concibió la segunda *Estrella de la Muerte* como una trampa colosal que, con una falsa apariencia de vulnerabilidad, debía atraer a la flota rebelde hasta su última batalla.

Turbante coruscant

LANZADERA IMPERIAL

La sala del trono del Emperador domina las estrellas desde lo alto de una torre de aislamiento.

Dignatarios imperiales

Los favores del Emperador pueden elevar a ciertos individuos a puestos de fantástico poder galáctico. Los altos oficiales, que deben su posición a los antojos de Palpatine, forman una sociedad de aduladores y traidores.

El Emperador utiliza un bastón, no por necesidad, sino porque finge ser débil

DATOS

◆ Unos misteriosos y fanáticos guardias imperiales protegen al Emperador y le siguen allá donde vaya.

◆ Los guardias imperiales están tan bien preparados en las artes mortales que el arma que manejan no es un blaster, sino una pica de fuerza activa que utilizan a la velocidad del rayo para causar heridas precisas y letales.

Las tropas de asalto

LAS FUERZAS DE asalto imperiales son tropas que se envían a situaciones de combate decisivas para apoyar a la flota estelar o al ejército del Imperio. Los soldados de asalto, que son muy disciplinados y totalmente leales al Emperador, cumplen sus órdenes sin vacilación y sin temer por sus vidas. Estos hombres solemnes y anónimos utilizan su armamento y toda la fuerza que han alcanzado durante su instrucción para atacar a cualquier enemigo del Imperio con una eficacia despiadada. Visten una armadura espacial blanca sobre una malla corporal que les sirve para protegerse de los entornos inhóspitos, de las armas de proyectiles y de impacto, y de los rayos indirectos de los blasters. Cuentan con las armas y los artefactos más modernos y potentes que existen y forman las tropas más fiables y eficientes del Imperio. Son los oponentes más temidos por los guerreros rebeldes.

Mientras que los soldados del ejército y de la flota imperiales se encargan de mantener el orden, las tropas de asalto se ocupan de vencer la resistencia inicial y de la lucha más dura. Sus patrullas de abordaje toman posesión de las naves capturadas de forma sistemática y profesional.

Pistola de combate de corto alcance

Malla corporal

Blindaje de compuesto plastoide

Detonador térmico

Cinturón de utilidades

Salidas de energía que absorben los rayos de los blasters

Pistolera del blaster

Células energéticas de los sistemas del traje

Controles manuales de cierre del traje y de adaptación al entorno

Estuche de la célula energética del blaster

Estría de placa de aleación reforzada

Placa de protección de la rodilla en posición de tiro

Aletas de refrigeración

Culata plegable de tres posiciones

Respiraderos

Desionizador de combate

HERRAMIENTAS DEL CINTURÓN DE UTILIDADES
Se incluyen artefactos, suministros de energía, y una caja de herramientas. El cinturón puede llevar también gancho de agarre, un enlace de comunicaciones, unos macrobinoculares, unas esposas o incluso un desionizador de combate como el de la fotografía.

Botas de gran fijación

Blaster de las tropas de asalto

El arma de mano E-11 BlasTech estándar imperial combina un alcance excelente con una potencia de fuego letal en un diseño compacto y resistente. Una célula energética estándar proporciona la energía suficiente para disparar 100 rayos. Los soldados guardan las células energéticas de repuesto en el cinturón de utilidades. Los cartuchos de gas plasma duran más de 500 disparos y la unidad incluye un sistema avanzado de refrigeración. La culata plegable de tres posiciones convierte el arma en un rifle que permite disparar a larga distancia.

Los soldados de asalto, que suelen desplegarse y desfilar en gran número, son expertos en el control de la psicología del dominio y se protegen tras el misterioso anonimato de sus armaduras.

GORRA DE OFICIAL DE ASALTO

Disco de oficial

HEBILLA

GALONES DE OFICIAL

TRANSMISOR
DE CÓDIGO

Código de serie

Horquilla de bolsillo

Interfase de datos

CILINDROS
DE CÓDIGO

Casco reforzado

*Antena de
comunicaciones
de banda ancha*

*Receptor
de sonido*

Los oficiales de asalto

Cuando no están en combate, los oficiales de las tropas de asalto llevan unas túnicas especiales y unas gorras negras. Sus insignias (discos de oficial, galones y cilindros de código) son las habituales en la flota imperial. Los cilindros de código les permiten acceder a zonas de seguridad y a sistemas informáticos. Todos los oficiales de asalto son soldados con experiencia, y en combate visten armaduras como las de cualquier soldado. Los oficiales de las unidades de campo llevan hombreras de color que indican muy claramente su rango.

*Célula
energética*

Mira del telémetro

Riel de montaje de accesorios

Ajuste

*Tapa del cartucho
de gas*

Cierre de seguridad

*Indicador de pulsaciones
de falta de potencia*

Empuñadura de adhesión magnatómica

*Suministro
de energía*

*Salida de
energía
del rayo*

En la batalla, los soldados de asalto han sido preparados para desentenderse de las bajas en sus propias filas; nunca manifiestan sus emociones y las bajas se contabilizan desde el punto de vista técnico.

DATOS

◆ Un equipo de energía y un sistema de gas presurizado instalados en la espalda de la armadura de los soldados de asalto les permiten sobrevivir durante un período limitado en el vacío del espacio. Para poder exponerse al espacio abierto durante más tiempo, los soldados llevan mochilas espaciales con sistemas más completos de soporte vital.

◆ La armadura blindada de los soldados de asalto les protege de los proyectiles y de la metralla. Los disparos directos de un blaster pueden perforarla, pero desvía los indirectos y reduce el daño de los ya recibidos.

ARMADURA DE LOS
SOLDADOS DE ASALTO
Todo el equipo y los componentes de la armadura de un soldado de asalto del Imperio son de la mejor calidad. Las armaduras son indestructibles y, a veces, se encuentran algunas que han estado semienterradas en campos de batalla durante décadas.

El equipo de los soldados de asalto

AUNQUE EL ENTRENAMIENTO brutal y la formación intensa que reciben los soldados de asalto es la causa principal de su potencia y de su efectividad, el equipo imperial que utilizan también es vital para el rendimiento de estos soldados, los hombres más temidos de la galaxia. Las tropas de campo llevan, por ejemplo, bolsas de munición (equipos de energía y cartuchos de gas para los blasters) y completos equipos de supervivencia. Las mochilas que emplean les sirven para adaptarse a climas extremos y al vacío del espacio. Están divididas en módulos, por lo que la base estándar se puede modificar con material especial para cada misión, por ejemplo las cantimploras con microevaporadores que recogen agua, los módulos de refrigeración mejorados o una amplia variedad de equipo operativo de campamento y de ataque.

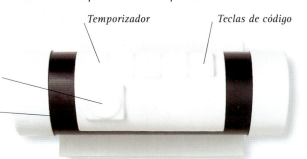

Bajo el mando de oficiales competentes como el oficial Praji, los soldados de asalto se adaptan al entorno. Las imprevisibles tormentas de arena de Tatooine pueden inmovilizar una nave, pero los lagartos de espaldas húmedas son capaces de transportar en cualquier situación a las patrullas de búsqueda.

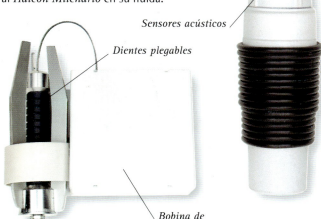

Mediante el equipo de comunicaciones de gran potencia de sus mochilas, los soldados de Mos Eisley avisaron a los destructores estelares en órbita para que interceptaran al *Halcón Milenario* en su huida.

Temporizador   *Teclas de código*

Control de separación

Revestimiento de axidita

Enlaces

El enlace manual de comunicaciones complementa el sistema transmisor/receptor incorporado al casco de los soldados de asalto, ya que su alcance y su seguridad son superiores. Estos equipos se sintonizan mediante complejos algoritmos de codificación, de modo que sólo funcionan entre ellos. En las bases imperiales o cerca de ellas, las señales de estos enlaces se lanzan y se retransmiten automáticamente para mejorar la transmisión.

Sensores acústicos

Dientes plegables

Bobina de cuerda de fibra

GANCHO
DE AGARRE

Detonador térmico

Los soldados de asalto poseen un detonador térmico que llevan en la parte trasera del cinturón. Los controles de la activación, del temporizador y del regulador de intensidad no están marcados, de modo que las tropas enemigas no pueden usar los potentes explosivos en caso de captura. Aunque es normal que estos detonadores no se utilicen a bordo de una nave imperial o de una estación de batalla, los soldados de asalto llevan siempre el equipo estándar completo para estar listos en el momento del combate y para acostumbrarse al material.

Mira electrónica

Telémetro

RIFLE LÁSER
BLASTECH DLT-20A

Condensador de disparo   *Rejillas de refrigeración*   *Cañón de circuitos galven*

Sistema de carga de potencia

Empuñadura de adhesión magnatómica

Rifle láser

En los combates, el arma de mano normal del Imperio no garantiza una precisión suficiente en distancias largas. Las tropas de campo llevan rifles blaster, que mejoran la resistencia y la precisión de la trayectoria de los rayos gracias a la incorporación de más anillos de colimación y de tubos más largos de circuitos galven. Los rifles blaster imperiales que ascienden a precios astronómicos en el mercado negro, son armas muy potentes que convierten a los soldados imperiales en auténticos exterminadores.

DATOS

◆ Los soldados llevan en sus mochilas unos equipos de comunicaciones de campo ampliados, unos lanzamorteros y un equipo para marcar perímetros de seguridad.

◆ Los jefes de escuadrón, con unidades de siete soldados, llevan hombreras de color naranja.

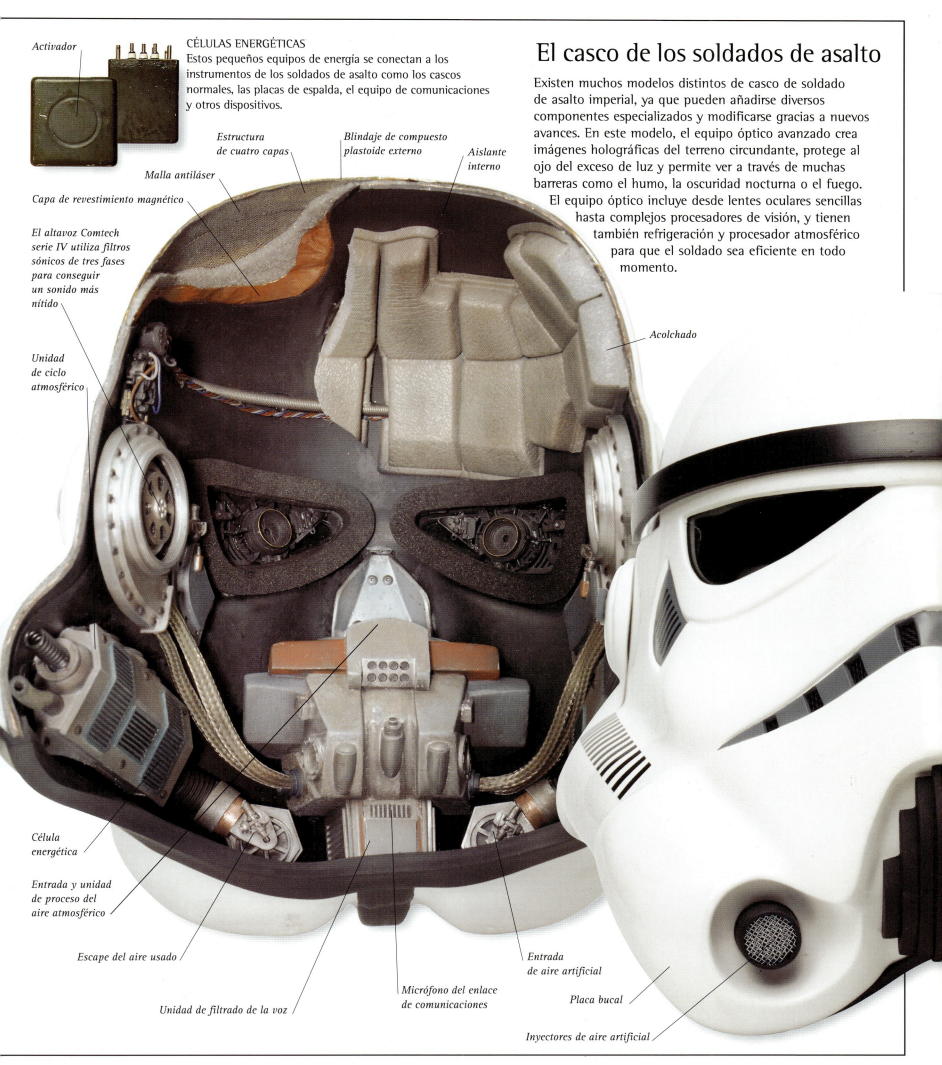

Activador

CÉLULAS ENERGÉTICAS
Estos pequeños equipos de energía se conectan a los instrumentos de los soldados de asalto como los cascos normales, las placas de espalda, el equipo de comunicaciones y otros dispositivos.

Estructura de cuatro capas

Blindaje de compuesto plastoide externo

Aislante interno

Malla antiláser

Capa de revestimiento magnético

El altavoz Comtech serie IV utiliza filtros sónicos de tres fases para conseguir un sonido más nítido

Unidad de ciclo atmosférico

Acolchado

Célula energética

Entrada y unidad de proceso del aire atmosférico

Escape del aire usado

Unidad de filtrado de la voz

Micrófono del enlace de comunicaciones

Entrada de aire artificial

Placa bucal

Inyectores de aire artificial

El casco de los soldados de asalto

Existen muchos modelos distintos de casco de soldado de asalto imperial, ya que pueden añadirse diversos componentes especializados y modificarse gracias a nuevos avances. En este modelo, el equipo óptico avanzado crea imágenes holográficas del terreno circundante, protege al ojo del exceso de luz y permite ver a través de muchas barreras como el humo, la oscuridad nocturna o el fuego. El equipo óptico incluye desde lentes oculares sencillas hasta complejos procesadores de visión, y tienen también refrigeración y procesador atmosférico para que el soldado sea eficiente en todo momento.

Los soldados especializados

PARA CADA SITUACIÓN militar existe un tipo de soldado imperial adecuado, bien equipado para entornos donde los soldados normales podrían tener dificultades. Algunos soldados imperiales se seleccionan en una etapa demasiado temprana para conseguir especializarlos y acondicionarlos con la formación psicológica y los conocimientos apropiados. En consecuencia, una vez especializados, la adaptación psicológica a su identidad militar es tan fuerte que el soldado casi nunca desea cambiar de división.

Casco

Gafas de nieve polarizadas

Cubierta del calefactor de la respiración

Placa pectoral

Arma de mano imperial

Pantalones térmicos

Botas para el hielo escarpado

Enlace de comunicaciones de muñeca

Capa de cintura aislante

Las piernas se protegen menos para permitir más movilidad

Armadura de impacto

Control de temperatura externo

Controles de comunicaciones

Chip de identidad

El blaster pesado de repetición E-Web es desmontable, de modo que unos pocos soldados pueden transportarlo por terrenos nevados y abruptos o por estrechos pasajes de hielo. Con armamento como éste, los soldados de asalto especializados pueden acabar con la ventaja que los rebeldes obtienen de las dificultades del terreno.

Tiras de sujeción ajustables

Placa de impacto reforzada

Indicador de potencia

Controles de temperatura del traje

Control de las células energéticas

Compartimento de almacenamiento de raciones

PLACA PECTORAL DE SOLDADO
DE ASALTO

Unidad de comunicaciones

Calefactor

Bomba de líquido del calefactor

Toma de potencia accesoria

Indicador de exceso de potencia

Indicador de búsqueda

Célula energética de gran duración

MOCHILA DE SOLDADO
IMPERIAL DE NIEVE

Tropa imperial de nieve

Los soldados imperiales de Hoth, equipados con calefactores de respiración bajo las máscaras, son elementos de combate móviles y autosuficientes. Gracias a las mochilas y a los sistemas del traje, estos soldados mantienen la temperatura además de una movilidad excepcional para desenvolverse en entornos helados o nevados.

Las tropas de tierra de la Fuerza Ventisca del general Veers desplazadas hasta Hoth son acompañadas en la invasión de la Base Eco por la extraordinaria figura de Darth Vader, que supervisa la ocupación del campamento junto a la primera línea del grupo de asalto.

Sensor de terreno

Soporte de las aspas de avance

Aspas repulsoras direccionales de campo para guiar el avance

Motos imperiales

La moto ligera del Imperio, con elevadores de repulsión, lleva a uno o dos pasajeros a gran velocidad en misiones de reconocimiento. Gracias a un elevador de repulsión de turbina poco usual, el vehículo conserva su estabilidad incluso en las maniobras más peligrosas. Los campos repulsores de búsqueda de avance permiten esquivar obstáculos como los árboles, pero tienen que manejarse con cuidado, ya que estas motos no tienen la capacidad de esquivar los obstáculos por sí solas.

El soldado de reconocimiento

Los soldados de asalto de reconocimiento están equipados para maniobrar con facilidad y sobrevivir durante largos períodos sin protección. A pesar de ser miembros de las fuerzas imperiales, su formación les proporciona bastante independencia, aunque se les prepara para trabajar en grupo siempre que sea posible. Sólo llevan protección en la cabeza y en el tronco. Transportan víveres, microcuerdas y otro material que les permite infiltrarse en silencio y alcanzar casi todos sus objetivos sin depender de la ayuda de las fuerzas imperiales.

En los densos bosques de Endor, las patrullas de reconocimiento recorren los alrededores del generador del escudo imperial y su guarnición montadas en sus motos imperiales. Los soldados patrullan en busca de terroristas infiltrados o de criaturas del bosque que provocan problemas.

Visor potenciador electromagnético

Sistema de comunicaciones mejorado de largo alcance

Malla corporal

Puño de aceleración

Control del repulsor

Control de potencia

Palanca de dirección

Sensor de rastreo

La mochila lleva una unidad de alimentación y de material

Raciones de supervivencia

Equipo de supervivencia

Tracción del repulsor

Ajuste de la sensibilidad de la dirección

Acoplamiento de la dirección

Acoplamiento de los frenos

Elevador de repulsión de turbina

Pedal de freno

DATOS

◆ Los soldados de asalto imperiales cuentan con otras divisiones especializadas como la aérea, la acuática, la minera y la magmática, que frena revueltas en los planetas mineros volcánicos.

◆ Los soldados de reconocimiento disponen de sensores de movimiento y visores macrobinoculares que les permiten ver las emisiones de energía, tener una visión nocturna y ampliar objetivos concretos.

Amplificador de fase

Telémetro

Emisor de láser de corto alcance

Minicélula de gas

Dispositivo de agarre

BLASTER DE LOS SOLDADOS DE ASALTO DE RECONOCIMIENTO

Los pilotos imperiales

Casco de vuelo reforzado

Comunicaciones con la nave

Tubo de gas

LOS PILOTOS DE cazas imperiales son un grupo de elite dentro de las fuerzas navales del Imperio. Sólo un diez por ciento de los admitidos en el programa de formación acaba realizando misiones. Debido a su intensa preparación psicológica, los pilotos se dedican totalmente a la destrucción del objetivo y su misión se antepone a todo lo demás, incluida la supervivencia personal o la ayuda a los compañeros en peligro. Todos ellos saben que son prescindibles. La formación de los pilotos de cazas TIE hace que consideren la nave como el instrumento militar que mejor expresa la voluntad del Imperio y también provoca que disfruten de su cometido y estén orgullosos de su total dependencia al mando militar.

Soporte vital

Traje G de vacío

PANTALLA DE BLANCO
Los sistemas de fijación de blancos de los TIE son mejores que los de cualquier caza rebelde. Las pantallas avanzadas de estos sistemas Seinar rastrean el objetivo con gran determinación.

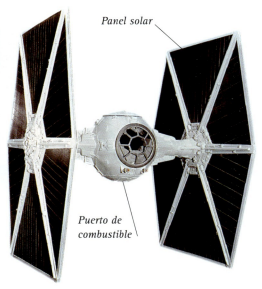

Panel solar

Puerto de combustible

El caza TIE

Los cazas TIE no llevan escudo deflector ni equipo de hiperpropulsión y utilizan motores de iones de gran rendimiento, alimentados por alas con paneles solares. Gracias a ese diseño ligero, la nave es muy ágil, pero el piloto queda indefenso y no puede alejarse mucho de la estación base. Los pilotos de los TIE consideran que los escudos los utilizan sólo los cobardes.

Depurador de aire

Apertura del emisor

UNIDAD DE INTERFERENCIAS

Tejido con protección antienergía

PUERTO DE COMBUSTIBLE DE CAZA TIE
El combustible de los cazas TIE es un gas radiactivo sometido a gran presión. Los dos motores de iones de la nave no tienen partes móviles, por lo que el aparato es fácil de mantener.

DATOS

◆ Los pilotos sobreviven en el espacio gracias a sus trajes de vuelo independientes, ya que los cazas TIE no tienen sistemas de soporte vital.

◆ Los cazas TIE no poseen dispositivos de aterrizaje y se lanzan desde plataformas de hangar especiales.

Botas de gran presión gravitatoria

Los pilotos de AT-AT

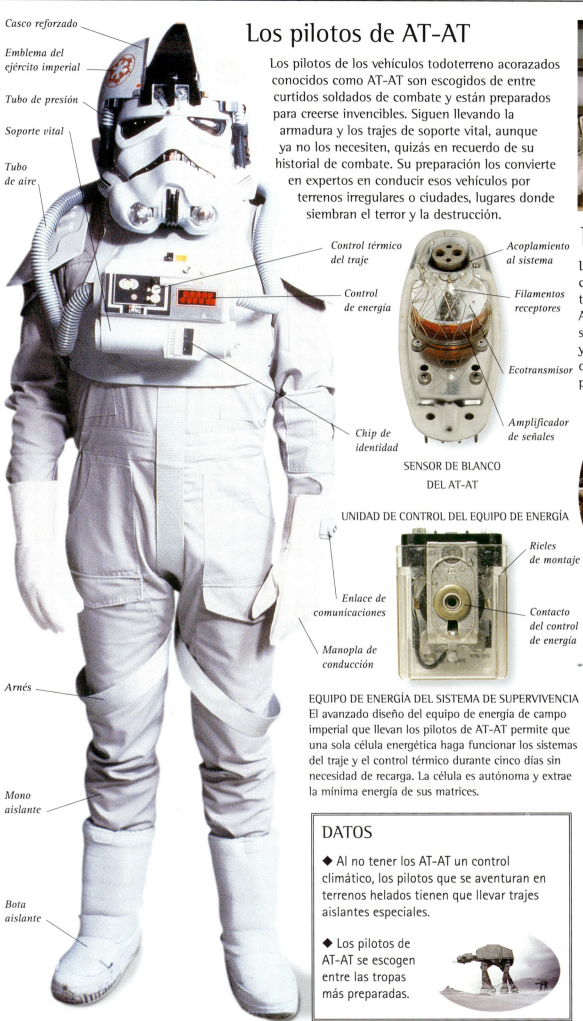

- Casco reforzado
- Emblema del ejército imperial
- Tubo de presión
- Soporte vital
- Tubo de aire
- Arnés
- Mono aislante
- Bota aislante

Los pilotos de los vehículos todoterreno acorazados conocidos como AT-AT son escogidos de entre curtidos soldados de combate y están preparados para creerse invencibles. Siguen llevando la armadura y los trajes de soporte vital, aunque ya no los necesiten, quizás en recuerdo de su historial de combate. Su preparación los convierte en expertos en conducir esos vehículos por terrenos irregulares o ciudades, lugares donde siembran el terror y la destrucción.

- Control térmico del traje
- Control de energía
- Chip de identidad
- Acoplamiento al sistema
- Filamentos receptores
- Ecotransmisor
- Amplificador de señales

SENSOR DE BLANCO DEL AT-AT

UNIDAD DE CONTROL DEL EQUIPO DE ENERGÍA

- Enlace de comunicaciones
- Manopla de conducción
- Rieles de montaje
- Contacto del control de energía

EQUIPO DE ENERGÍA DEL SISTEMA DE SUPERVIVENCIA
El avanzado diseño del equipo de energía de campo imperial que llevan los pilotos de AT-AT permite que una sola célula energética haga funcionar los sistemas del traje y el control térmico durante cinco días sin necesidad de recarga. La célula es autónoma y extrae la mínima energía de sus matrices.

DATOS

◆ Al no tener los AT-AT un control climático, los pilotos que se aventuran en terrenos helados tienen que llevar trajes aislantes especiales.

◆ Los pilotos de AT-AT se escogen entre las tropas más preparadas.

Pilotos de vehículos AT-ST

Los vehículos de exploración todoterreno conocidos como AT-ST pueden moverse por terrenos irregulares o demasiado densos para los AT-AT imperiales de tamaño normal. Los pilotos se eligen en función de su sentido del equilibrio y de su destreza con los controles, ya que tienen que reaccionar con rapidez ante lo inesperado para cumplir sus misiones de reconocimiento y de caza antipersonal.

Los AT-ST recorren con facilidad los terrenos selváticos o accidentados. Estos vehículos de equilibrio giroscópico tienen un alcance limitado, ya que son tan pequeños que no pueden llevar ni el generador de locomoción ni el combustible de un AT-AT.

- Centro de mando y navegación
- Zona de preparación de las tropas de asalto

Los vehículos AT-AT

Estas máquinas gigantescas se utilizan como armas del terror. Sólo pilotos de gran fuerza física pueden hacer funcionar sus potentes controles de avance. Hasta la Batalla de Hoth, los AT-AT se consideraban invencibles en combate, y muchas veces su mera presencia bastaba para que las atemorizadas fuerzas enemigas se batieran en retirada.

Androides imperiales

LAS FUERZAS MILITARES del Imperio adaptan modelos normales de androide para unos usos concretos y también fabrican nuevas unidades especializadas, como los androides ilegales asesinos y los torturadores. Los androides imperiales se programan con unos parámetros de identidad sumamente severos que restringen su capacidad de acción individual y hacen que se centren de forma estricta en las tareas asignadas, por lo que son ajenos a las circunstancias externas. Los androides imperiales son simples máquinas que pocas veces desarrollan algo parecido a una personalidad.

Cuando la princesa Leia se negó a hablar del emplazamiento de la base rebelde oculta, Darth Vader pidió un androide de tortura. Leia había oído rumores de que se cometían estas atrocidades, pero esperaba que fueran falsos. A pesar de las horribles y dolorosas manipulaciones de la máquina, que hicieron peligrar la vida de la princesa, ésta resistió.

El androide ratón

Aunque se suelen utilizar para llevar mensajes, los androides ratón también se emplean en las grandes naves y en las estaciones de batalla imperiales para guiar a las tropas a los puestos que se les han asignado. Dado que contienen mapas completos de sus secciones asignadas, están programados para derretir sus procesadores al instante si son capturados, esto les hace tener un extraño carácter, una combinación de paranoia y prepotencia.

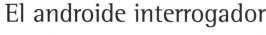

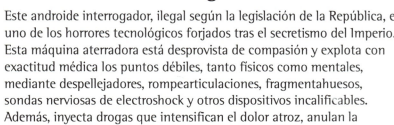

Dispositivo de tortura química

Pinzas para abrasar la carne

Montaje del electroshock

Aguja de perforación sónica

Pulverizador de ácido

Bastidor de la durita

Controles de energía vital

Controles de biorrespuesta

Dispositivo de tortura sónica

Inyector de drogas

Banda de potencia hipnótica

Fotorreceptor de análisis de la víctima

Indicador de inicio de función

Receptor de sonido

Proyector de repulsión inferior

Sensor de fallos magnéticos

Detector de fallos en el circuito

Bastidor de lógica

Control de la respuesta al dolor de la víctima

Emisor de arco

Pata motorizada

El R4-19

Las unidades de mantenimiento y reparación de ordenadores patrullan los pasillos de la *Estrella de la Muerte* y realizan su cometido automáticamente, en el equipo y en las zonas accesibles para ellos. Tienen la percepción limitada por motivos de seguridad y eso hace que estén ajenos a las órdenes no programadas.

El androide interrogador

Este androide interrogador, ilegal según la legislación de la República, es uno de los horrores tecnológicos forjados tras el secretismo del Imperio. Esta máquina aterradora está desprovista de compasión y explota con exactitud médica los puntos débiles, tanto físicos como mentales, mediante despellejadores, rompearticulaciones, fragmentahuesos, sondas nerviosas de electroshock y otros dispositivos incalificables. Además, inyecta drogas que intensifican el dolor atroz, anulan la resistencia mental y obligan a las víctimas a permanecer conscientes.

El androide sonda (probot)

Los androides sonda, máquinas inteligentes y misteriosas, son transportadas hasta sus planetas de destino en vainas de hiperpropulsión; buscan incesantemente por toda la galaxia indicios de presencia rebelde. Los probots, que vuelan gracias a elevadores de repulsión y se mueven sigilosamente gracias a impulsores silenciados, están equipados con sensores visuales y con instinto de investigación. Se programan para descubrir los secretos de un emplazamiento y comunicar sus hallazgos a los distantes destructores estelares mediante transmisores/receptores de HoloRed de frecuencia alta.

El androide IM4-099 de la patrulla imperial Marck IV recorre las calles de Mos Eisley en busca de actividad criminal o emisiones ilegales. No está equipado con armas, así que cuando detecta algo sospechoso hace sonar una alarma y transmite una señal.

DATOS

◆ Existen androides imperiales equipados con unos dispositivos espía con los que los supervisores humanos controlan al personal militar para garantizar su obediencia.

PLACA SENSORA
DEL PROBOT

Un probot enviado desde el destructor estelar *Vengador* detecta la base rebelde en Hoth y envía imágenes de los generadores a Darth Vader.

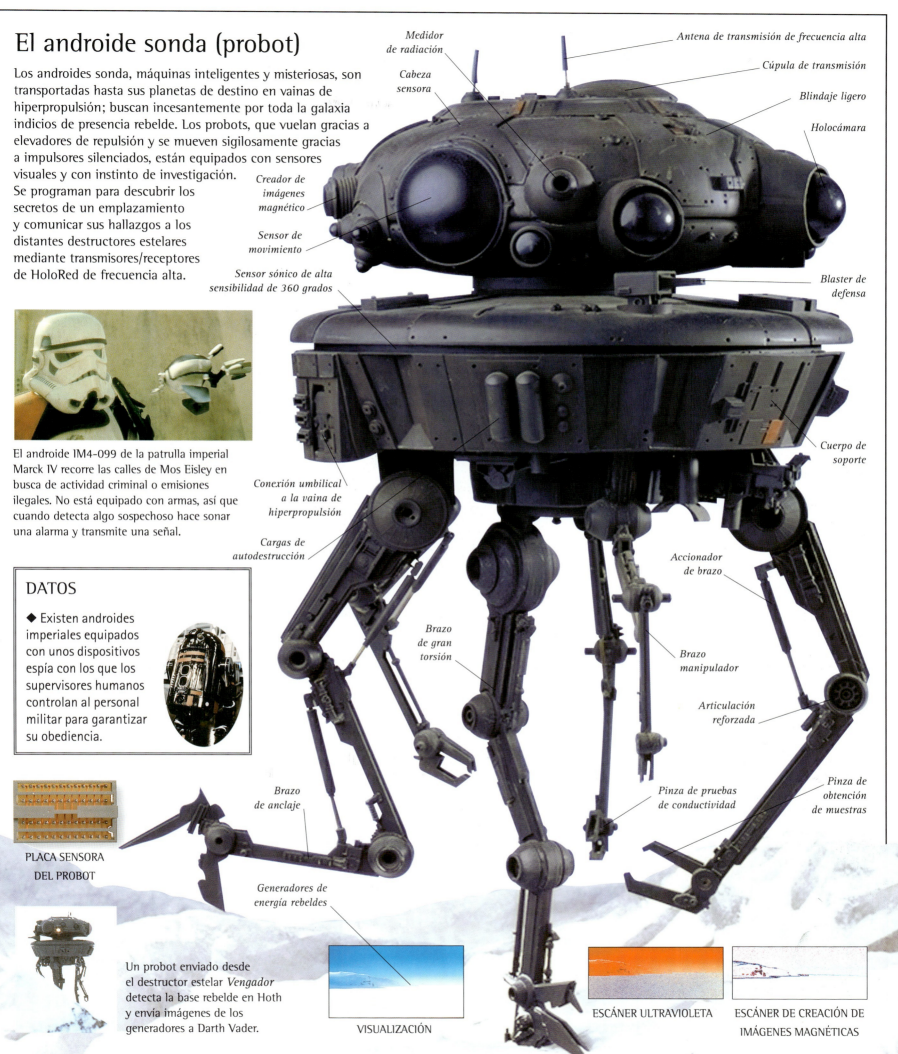

Medidor de radiación

Cabeza sensora

Creador de imágenes magnético

Sensor de movimiento

Sensor sónico de alta sensibilidad de 360 grados

Antena de transmisión de frecuencia alta

Cúpula de transmisión

Blindaje ligero

Holocámara

Blaster de defensa

Cuerpo de soporte

Conexión umbilical a la vaina de hiperpropulsión

Cargas de autodestrucción

Accionador de brazo

Brazo manipulador

Brazo de gran torsión

Articulación reforzada

Brazo de anclaje

Pinza de pruebas de conductividad

Pinza de obtención de muestras

Generadores de energía rebeldes

VISUALIZACIÓN

ESCÁNER ULTRAVIOLETA

ESCÁNER DE CREACIÓN DE IMÁGENES MAGNÉTICAS

Jabba el hutt

En el epicentro de un extenso imperio delictivo se sitúa el repugnante señor del crimen Jabba el hutt, que posee una ingeniosa mente criminal; ha construido su sindicato mediante un dilatado historial de tratos, amenazas, extorsiones, asesinatos y astutos acuerdos comerciales. A diferencia de muchos de sus competidores, Jabba es muy inteligente, y rara vez se le escapan detalles o situaciones peligrosas. En su juventud era valiente y atrevido, pero en la vejez vive en un mundo de libertinaje en su palacio de Tatooine. Jabba disfruta de los espectáculos violentos casi tanto como del dinero, y organiza de forma habitual torneos mortales de gladiadores y ejecuciones imaginativas.

El palacio de Jabba está equipado con muchos dispositivos de seguridad, entre ellos un androide vigilante semiinteligente colocado en varias entradas.

EL TATUAJE DE JABBA, DE RAÍZ DE YORO

Unidad de respuesta telepática

Unidad de soporte cerebral

Unidad locomotora

Tubo neuriz

Pata de araña

Recipiente cerebral desmontable

Cerebro de monje incorpóreo

Pinza manipuladora

MONJE B'OMARR
Se desplazan por el palacio gracias a sus patas androides automatizadas. Los androides araña antiguos tienen cuatro patas y los modelos recientes, seis.

Torre de Alkhara

Ciudadela principal

Torre de homenaje occidental

El palacio del desierto de Jabba el hutt era en sus orígenes un monasterio, y fue construido por los misteriosos monjes b'omarr hace mucho tiempo. A lo largo de los años, los bandidos fueron tomando posesión de algunas partes de la ciudadela y fueron haciendo ampliaciones, mientras los monjes proseguían su secreta existencia en la parte inferior del palacio. Como cuartel general de Jabba, la fortaleza cobija a una gran variedad de pistoleros, asesinos, viajeros, funcionarios corruptos, animadores y sirvientes.

Lekku (cola craneal)

Oola

El mayordomo de Jabba, Bib Fortuna, separó a Oola de su primitivo clan y unas chicas twi'lek le enseñaron las artes de la danza seductora. Aunque Jabba se siente muy atraído por ella, Oola se niega a entregarse a él.

DATOS

◆ Jabba tiene una lujosa hacienda en Mos Eisley donde reside cuando tiene que tratar de negocios en el puerto espacial. Pero esté donde esté, come nueve veces al día.

◆ Aunque muy pocos lo saben, la criatura llamada Buboicullaar o Bubo (derecha) es inteligente. En una ocasión se comió la anilla de detonación de una bomba y evitó así un intento de asesinar a Jabba.

Jabba el hutt

Jabba Desilijic Tiure, conocido por todos como Jabba el hutt, procede del planeta Nal Hutta, lugar donde su padre, que fue también señor del crimen, le enseñó a ser un individuo ambicioso y codicioso. Los hutts son famosos por su comportamiento despiadado y amoral, y a menudo utilizan su fuerza física para dominar a las especies más débiles. Dirigen la mayor parte de los grandes sindicatos del crimen de la galaxia.

El cuerpo musculoso puede moverse como una babosa o deslizarse hacia adelante

Khetanna, la barcaza de Jabba, es custodiada por guardias en esquifes de arena, y transporta al hutt en sus viajes a Mos Eisley o le lleva a las ejecuciones y los combates de gladiadores organizados para su entretenimiento.

Las capas internas dan forma a la cabeza de un hutt

La piel de los hutts segrega grasa y mucosidad, lo que les hace ser muy escurridizos

Cuerpo sin esqueleto

Hermi Odle

Ephant Mon

El palacio de Jabba está repleto de extrañas criaturas como su armero personal o el baragwino Hermi Odle. Pero el único amigo de verdad de Jabba es el antiguo contrabandista de armas Ephant Mon: el hutt le salvó la vida en una ocasión.

Pipa hookah

Quemador de cuerno de naal

Salacious Crumb

Cuando Jabba sorprendió a este lagarto-mono kowakiano robándole la comida, primero intentó comérselo, pero después sus payasadas empezaron a distraerle y desde entonces Salacious ha sido el bufón de la corte de Jabba.

Salacious Crumb

Estrado móvil

El séquito de Jabba

UNA GRAN VARIEDAD de individuos pululan alrededor de Jabba: aduladores, conspiradores, criminales a sueldo y seres misteriosos, ya que el amplio sindicato del señor del crimen ofrece oportunidades a muchos tipos de criaturas; muchos son también los que conspiran en su contra a causa de su poder y sus riquezas. El hutt se divierte al conocer los inevitables complots y provoca peleas entre los diversos conspiradores antes de conseguir su destrucción. Entre todos los juegos de poder y las ambiciones retorcidas hay muchos individuos que se dedican tan sólo a hacer su trabajo sin prestar atención al entramado de intrigas que les rodea. Todos los miembros del séquito tienen su historia personal, pero curiosos caminos les han llevado al palacio del desierto.

Zonas cerebrales sensoriales

Pavorosos ojos rojizos

Dientes afilados y puntiagudos

Lekku (cola craneal; tiene otra detrás)

Puñal (escondido entre la ropa)

Pulsera de traficante de esclavos

Vestimentas tradicionales ryloth de seda de gusanos jalavash

Zapatos de suela blanda para moverse en silencio

Jugo seco de picadura de verruga de roca

Granos de chall

Veneno de dragón krayt

Empuñadura de estilo taulek

PUÑAL Y VENENOS DE TWI'LEK

Cuchilla envenenada

Dedos con yemas-ventosa

Tentáculos bucales manipuladores

Cinturón de vand

Capa para el desierto

Tejido que retiene la humedad

Bib Fortuna

Es el mayordomo twi'lek de Jabba y supervisa los asuntos del palacio y de la hacienda de Mos Eisley. Antes de trabajar para el hutt, Bib Fortuna se enriqueció al traficar con esclavos de su propia raza y se convirtió en forajido por ser contrabandista de especias. Es el teniente jefe de Jabba y ante él se muestra muy servicial, pero en realidad planea acabar con el hutt. El control de Fortuna dentro de la organización y su tendencia a recurrir a soluciones engañosas tanto con amigos como con enemigos le convierten en un individuo poderoso y temido, aunque cobarde.

Tessek es un inteligente qarren de Mon Calamari que supervisa el mundo del palacio de Jabba desde una perspectiva clara y calculadora. Como contable del hutt, malversa capital que esconde en un fondo secreto y proyecta (como tantos otros) asesinar a su jefe y tomar el control de la organización.

Jabba considera que Bib Fortuna es servicial, pero que no se le puede comparar al mejor mayordomo que ha tenido, Sevan Domma, que murió en un intento de asesinato del hutt hace décadas.

Cañón

Objetivo óptico sencillo

Salida de calor

Amplificador
de fase

Gatillo

Válvula
de recarga

BLASTER DE LOS GUARDIAS DE ESQUIFE

Orificios
nasales

Pelaje
grueso
y grasiento

Garra
en forma
de gancho

Piel callosa

La mayoría de los eloms
defiende la rebelión, pero
este vil oportunista realiza
extorsiones para Jabba
y colabora con algunos otros
en el palacio.

Ojos
retráctiles

Colmillos

Pelo
grueso

J'Quille es un brutal whíphido del frío
planeta de Toola que trabaja como
cazador de hombres para Jabba. Pero,
en realidad, es un espía de un señor
del crimen rival y pretende matar al
hutt con un veneno de efecto lento
puesto en la comida.

Guardias gamorreanos

Los guardias gamorreanos, duros y
brutales, están repartidos por todo el
palacio de Jabba y son sus centinelas.
Estas criaturas de pocas luces,
propensas a la violencia, son
obstinadas y leales. La escasa inteligencia
de los machos gamorreanos es una baza
para sus amos, ya que no se les puede
sobornar ni convencer para que les
traicionen. Prefieren las armas de
combate cuerpo a cuerpo a los blasters.

Los guardias de esquife son
la escolta y los vigilantes
de Jabba, y están
continuamente expuestos al
viento, a los soles y al fuego
del enemigo. Los recién llegados
suelen empezar realizando este servicio.

Casco

Olfato sensible

Músculos
gruesos

Armadura
de hombros

Manoplas

Vibrolanza

Vista deficiente

Colmillos

Ropas
de palacio

Hacha
resistente

Sandalias

47

Animadores de Jabba

JABBA PASA BUENA parte del tiempo en su palacio, y se entretiene con los animadores que importa para su corte. Sus riquezas y el excesivo dinero que gasta atraen a excelentes artistas, pero la fama de peligroso y conflictivo que tiene el palacio hace que los desesperados sean los únicos que se acerquen. Los grupos que acaban tocando para el hutt suelen ser adictos a las especias, miembros de los últimos escalafones de la sociedad galáctica o endeudados. Unos pocos son sólo culpables de no saber escoger el lugar donde actúan, y los que consiguen abandonar el palacio intactos casi siempre despiden o se comen a sus representantes. Los caprichos de Jabba mantienen a esta extraña mezcla de músicos siempre en danza.

Yarna d'al Gargan baila en el palacio desde hace años. Es hija de un jefe tribal askaji que llegó en manos de traficantes de esclavos a Tatooine, donde Jabba la compró. Aunque aún le guarda rencor al hutt, ha entablado amistad con algunos de los habituales del palacio.

Estos cantantes quedaron horrorizados al descubrir cómo es en realidad la vida en el palacio de Jabba. En cada actuación fingen un gran entusiasmo, pero buscan desesperadamente una forma de escapar con vida.

El rodiano Doda Bodonawieedo se ha convertido en el bardo favorito de los gamorreanos del palacio de Jabba y, a veces, toca con los grupos musicales. Barquin D'an es hermano del bith Figrin D'an, de los Modal Nodes.

Umpass-stay
Tambor del trueno
Ak-rev

Ak-rev, el maestro percusionista de Jabba, creció en un monasterio sriluuriano dedicado a Am-Shak, el dios del trueno, y allí aprendió a tocar los tambores del templo. Ak-rev recibe la ayuda del klatooniano Umpass-stay, que en secreto también es guardaespaldas de Jabba.

Barquin D'an con un cuerno kloo

Traz

Lekku (cola craneal)

Malla szona ajustable al cuerpo

Pezuñas

Yemas-ventosa

RYSTALL

GREEATA

Resonador

Modulador de radión

Platillo

Cuerno plandl

Cuerno xloff

Tubo de sonido troómico

Base del subaltavoz de frecuencia baja

KLESPLONG BONTORMIANO

Cuando le gusta especialmente un sonido concreto, Jabba se queda los instrumentos de grupos que... ya no los necesitarán nunca más. Esos instrumentos exóticos se quedan en el palacio y el hutt a veces ordena a los nuevos grupos que los toquen, aunque no sepan hacerlo.

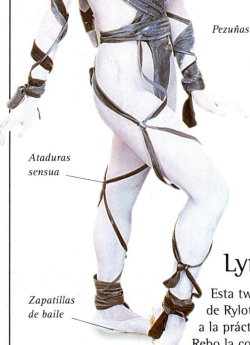

Ataduras sensua

Zapatillas de baile

La forma corporal de los hutts no les permite practicar danzas complicadas, pero Jabba se ha aficionado a contemplar los movimientos rítmicos y sinuosos de bailarines de otras especies. Los que son buenos pueden obtener los favores del hutt, y los que son expertos en las artes de la manipulación pueden también conseguir oportunidades o beneficios entre su séquito.

Lyn Me

Esta twi'lek del árido continente septentrional de Ryloth consiguió escapar de su planeta gracias a la práctica de las artes de la danza seductora. Max Rebo la convenció para que fuera al palacio de Jabba.

DATOS

◆ Al palacio llegan más grupos de los que lo abandonan. Cuando queda muy decepcionado, Jabba considera que puede darle de comer los músicos malos a su rancor.

◆ El shawda ubb de Max Rebo, conocido en su planeta como rapotwanalantonee, es una mezcla de flauta y órgano de agua.

Droopy McCool

Este kitonak, siempre ajeno a lo que sucede a su alrededor, apenas responde al nombre artístico que le ha puesto Max Rebo. Es un individuo casi místico y extático que, aunque no se da cuenta, no encaja muy bien en el grupo de Rebo: él toca y no se preocupa de nada más. Echa de menos la compañía de los suyos y asegura haber escuchado los sonidos remotos de otros kitonaks en la lejanía de las dunas de Tatooine.

Sy Snootles

La egocéntrica cantante Sy Snootles tiene una idea muy poco realista de sus posibilidades artísticas debido al apoyo entusiasta que Jabba le dedica. Como vocalista es demasiado rara para triunfar a gran escala, pero lo más probable es que jamas lo descubra, ya que los cantantes favoritos de Jabba lo tienen muy difícil para salir del palacio.

Max Rebo

El ortoloano azul Max Rebo es un teclista lunático y obsesionado con la comida. Aceptó un contrato con Jabba por el que sólo recibe comida gratuita, algo que no hizo ninguna gracia a los demás miembros del grupo. Puede que como líder de la banda no sepa tomar decisiones, pero se entrega a su música y es bastante bueno con el instrumento que ha elegido.

Sentido del olfato agudo

Las orejas almacenan grasa

Altavoz

Entrada de aire

Puede absorber comida y bebida por las yemas de los dedos

Teclado

ÓRGANO DE SURTIDOR BOLA ROJA

Base del órgano

Tubos de salida de aire

Boba Fett

BOBA FETT ES un misterioso cazador de recompensas que tiene un código de honor muy personal, lleva una armadura de batalla mandaloriana personalizada que procede de otra era y aunque está abollada y arañada, sigue siendo de una eficacia letal. Los orígenes de este individuo oculto tras su casco, son enigmáticos. Fett sólo acepta determinados encargos, pero se entrega a ellos con fanatismo. Su forma de ser, fría y calculadora, le ha servido para conseguir muchas presas «imposibles» y le han granjeado la reputación de mejor cazador de recompensas de la galaxia. Gracias a las armas ocultas que recubren su traje espacial y al armamento escondido en su nave, el *Esclavo I*, Boba Fett es, sin duda, muy bueno en su trabajo.

Boba Fett ha trabajado para Darth Vader en diversas ocasiones, las suficientes para que le consideren su mano derecha. Vader considera que Fett es un aliado inteligente, despiadado y competente que es capaz de rastrear a los rebeldes y de perseguir a Luke Skywalker.

El *Esclavo 1*

Cápsula de cabina rotatoria

La nave de Boba Fett es un envejecido vehículo policial con muchas modificaciones y está repleto de armas y de equipo de rastreo personalizado de todo tipo, además, posee un sistema de camuflaje de sensores militares que le oculta en las persecuciones. Se necesitan cuatro generadores de potencia de a bordo para hacer funcionar los múltiples sistemas armamentísticos que pueden surgir de improviso de paneles ocultos.

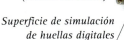

Controles

Cubierta de aleación orgánica

Imán de sujeción

Marco de sujeción

FALSIFICADOR VISUAL (PARTE TRASERA)

Superficie de simulación de huellas digitales

FALSIFICADOR TÁCTIL

Transmisor de HoloRed

Matriz de detección de hilo S

LAPA DE IONES DE RASTREO

Mochila a reacción

La mochila de Fett es una excelente combinación de impulsor y lanzacohetes. En este último se puede colocar un misil o un proyectil de gancho de agarre (unido a una cuerda y a un carrete). Gracias al sistema de impulsión a reacción, Boba puede realizar vuelos cortos, escapar o sorprender a sus presas.

Boba Fett utiliza estos aparatos para seguir rastros y acceder a zonas de alta seguridad sin llamar la atención. La almohadilla de falsificación táctil se coloca sobre las cerraduras de contacto digital y simula el campo bioeléctrico y las huellas de cualquiera. Esta almohadilla se puede usar para abrir cerraduras de escáner de retina de un modo similar. La lapa de iones emplea la HoloRed galáctica con discreción para encontrar naves espaciales en el espacio.

Misil

Carga de impulsión del misil

Herramienta de ajuste de la mochila a reacción

Giroestabilizador

Tanque de combustible

Servomotor direccional

Lanzamisiles

Telémetro de los objetivos del misil

Botón de activado

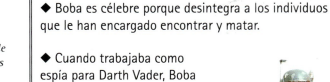

Inyectores de escape direccionales

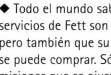

Telémetro retráctil

Mirilla

Rifle blaster EE-3

Placa de visión macrobinocular

Aspas de refrigeración

Enlace de comunicaciones interno con el que Fett puede llamar al Esclavo I a distancia

Guantes aislantes con malla blindada

Sistema sensor de movimiento/sonido

Manopla de muñeca

Chaleco de dispersión de rayos de energía

Placas de impacto

Ni siquiera el contrabandista corelliano Han Solo puede escapar de la habilidad y de la resolución de Boba Fett. Éste se burla de los demás cazadores de recompensas cuando encuentra a Solo en Bespin y se hace cargo de su cuerpo congelado en carbonita para cargarlo en la bodega del *Esclavo I.*

Traje de vuelo reforzado de doble capa

Cabelleras de wookiee que atestiguan capturas anteriores

Emisor

Empuñadura

Activador

Cortes para reducir el peso

Chip de emisión de frecuencia alta

Célula energética

Tapa del dardo

Hoja de aleación de estibnio rebordeada

Fajín de honor protector del viajero

Bolsa de utilidades

CUCHILLO DE SUPERVIVENCIA

ARMA DE RAYOS SÓNICOS

DARDOS COHETE DE LA RODILLERA

Boba Fett, que ya había trabajado en el pasado como guardia ejecutor para el señor del crimen, aceptó otra misión para Jabba el hutt a cambio de un aumento en la recompensa por la captura de Han Solo. En el palacio había quien creía que también se quedó para admirar su trofeo congelado, que colgaba de la sala del trono de Jabba.

Cohete lanzadardos de la rodillera

Placa vibradora

Controles de intensidad y de parámetros

Marca del objetivo

Emisor de rayos de conmoción cerebral

Perforador de giro de satélite

Gatillo

Carga magnotérmica

Bastidor de fragmentación

Punta de lanzamiento del destripador

HOJAS ANTISEGURIDAD
Fett guarda en sus bolsillos estos instrumentos electrónicos que desactivan campos de fuerza, cámaras de seguridad y otros sistemas de alarma mediante ondas armónicas de interferencia. Si se eleva la frecuencia, se pueden borrar los cierres magnéticos y permitir así el paso por cualquier puerta. Boba Fett los utiliza casi siempre, pero si se combinan varios se puede crear un campo antiseguridad que sirve para forzar entradas discretamente.

Púas en las botas

Para los grandes trabajos de demolición, Boba Fett utiliza un multidetonador que es menos sensible a los efectos de los escudos de amortiguación que un detonador térmico convencional y puede destrozar el motor de una nave espacial.

Destripador de ondas de ciclo
MULTIDETONADOR

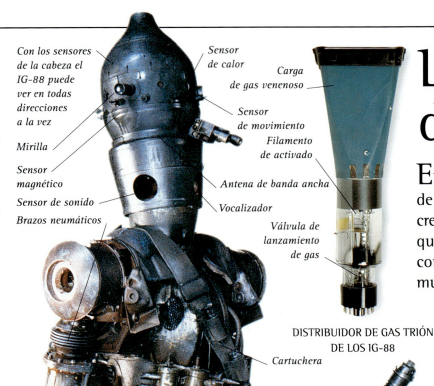

Con los sensores de la cabeza el IG-88 puede ver en todas direcciones a la vez

Mirilla

Sensor magnético

Sensor de sonido

Brazos neumáticos

Sensor de calor

Carga de gas venenoso

Sensor de movimiento

Filamento de activado

Antena de banda ancha

Vocalizador

Válvula de lanzamiento de gas

DISTRIBUIDOR DE GAS TRIÓN DE LOS IG-88

Cartuchera

Lanzallamas

Aturdidor sónico

Cañón de pulsaciones

Paquetes de munición

Lanza-proyectiles de inhibición nerviosa

Armadura blindada

Servocables a prueba de ácido

Los cazadores de recompensas

El RESTRICTIVO GOBIERNO imperial ha fomentado la aparición de muchos criminales, ha estimulado a los contrabandistas y ha creado largas listas negras de toda clase de proscritos. Las sumas que ofrece el Imperio por esos «enemigos del Estado» han convertido la caza de recompensas en una profesión en alza. En muchas ocasiones son auténticos criminales, violentos y asesinos, que actúan con el beneplácito de las leyes imperiales.

Vibrohoja de «carnicero»

Núcleo explosivo

DISCOS DE CONMOCIÓN CEREBRAL DE LOS IG-88

Gastada por el uso

CUCHILLA ACCESORIA DE LOS IG-88

Un androide IG-88 siguió al *Esclavo I* hasta la Ciudad Nube para matar a Boba Fett. Éste lo acorraló en los niveles de proceso de chatarra, lo paralizó con un cañón de iones, después acabó con él y dejó sus restos para el reciclaje.

Dengar

El IG-88

Este horripilante androide asesino forma parte de un grupo de cinco robots idénticos que aniquilaron a sus constructores momentos después de ser activados y más tarde escaparon de los laboratorios para recorrer la galaxia. La identidad incompleta de los IG-88 hace que estén obsesionados con cazar y asesinar. Los androides asesinos se ilegalizaron hace mucho tiempo, ya que suponen una amenaza para todo aquel que les rodea.

Agujas con la punta envenenada

Cámara de disparo

Silenciador

Válvula de impulso

Cañón de agujas

PISTOLA DE DARDOS AGUJA DE LOS IG-88

Dengar

Dengar fue preparado para ser un asesino imperial y mediante cirugía cerebral se le sustituyó el hipotálamo por circuitos; en consecuencia, se convirtió en un asesino insensible. Ahora trabaja por su cuenta como cazador de recompensas y ya ha conseguido veintitrés presas. Le guarda un gran resentimiento a Han Solo debido a los graves daños cerebrales que sufrió cuando le perseguía por los pantanos de cristal de Agrilat hace ya mucho tiempo.

DATOS

◆ Los androides IG-88 han atacado a Boba Fett en varias ocasiones pero no han conseguido herirle, aunque sí han dañado el *Esclavo I*. Fett ha destruido hasta el momento tres de los androides asesinos.

◆ Los rodianos como Greedo consideran la caza de recompensas un deporte, aunque con Han Solo, Greedo se encontró con la horma de su zapato.

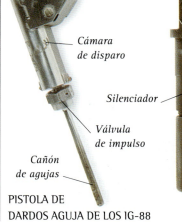

4-LOM   Zuckuss

Boba Fett   Bossk

4-LOM

4-LOM era un androide de protocolo de alto nivel construido para parecerse a las especies con las que trabajaba, pero su programación se deterioró y degeneró hasta convertirse en un criminal especializado en anticipar los movimientos de sus objetivos. Colabora con el rastreador Zuckuss, aportando información para los misteriosos rituales de su socio.

Receptor de sonido y antena de banda ancha

Zuckuss

Este cazador de recompensas realiza místicos rituales religiosos que forman parte de las tradiciones que los rastreadores de Gand, su mundo gaseoso, practican desde hace siglos. Sus impresionantes habilidades incomodan a los demás cazadores.

Púas en los guantes

Panel de activación y control del temporizador

Núcleo de plasma

Casco de fragmentación

EL DETONADOR TÉRMICO DE BOUSHH

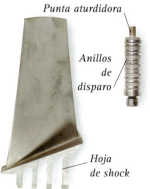

Punta aturdidora

Anillos de disparo

Hoja de shock

ACCESORIO DE ATURDIMIENTO Y HOJA DE LANZA DE BOUSHH

Bossk

Este duro y resistente reptil trandoshano ha pasado de perseguir a esclavos huidos a cazar recompensas ofrecidas por el Imperio. Ya cuenta con 12 capturas. Los trandoshanos pueden regenerar la piel, los dedos y los miembros hasta llegar a la madurez, etapa que Bossk ya ha alcanzado. Le gusta despellejar a sus presas y es uno de los cazadores más viles y despreciables que existen.

El palacio de Jabba es el punto de encuentro de los cazadores de recompensas, ya que el hutt ofrece grandes sumas por capturas y asesinatos.

Láser

Escáner de visión avanzada

Distorsionador del habla

Mono

Armadura de impacto

Enlace de comunicaciones de pecho

Cartuchera

Detonador de proyectiles

Capa ogygiana

Hebilla del clan ubese

Bolsas de munición

Boushh

En una galaxia en la que tantas criaturas extrañas se dedican a cazar recompensas (o, al menos, eso dicen), la princesa Leia no tuvo dificultades para disfrazarse de rastreador ubese gracias al casco y a las vestiduras de otro cazador muerto. Su preparación militar le sirvió para hacerse pasar por Boushh, y Jabba fue el único que sospechó de ella.

Pantalones de piel shata

Botas ubeses tradicionales

Moradores de las arenas
SAQUEADORES TUSKEN

Púas de guerrero

Vendaje

Lentes de protección

Filtro de respiración

Conservador de humedad

LOS MORADORES DE las arenas o saqueadores tusken, violentos nómadas de Tatooine, vagan por zonas como el Mar de Dunas o los desiertos de Jundland ocultos entre el paisaje. Su comportamiento salvaje y violento les ha puesto en contra de los colonos y de los granjeros de humedad, y viven en tierras remotas y solitarias. Los moradores suelen mantenerse alejados de las poblaciones, pero en plena estación cálida, cuando se ponen los soles gemelos, surgen de los desiertos para rebuscar entre los desperdicios o robar en los límites de las colonias. Durante la noche es mejor cerrar bien las puertas y las ventanas. Aunque los moradores de las arenas casi nunca entran en las casas, lo que sí hacen es matar a aquellos oponentes que se hallan solos en el exterior.

Cuchilla envenenada

Garrote gaderffi

Gruesa capa de desierto

Guantes para la arena

Los banthas

Los banthas recorren en manadas las dunas y los desiertos de Tatooine. Los moradores de las arenas utilizan a estas bestias gigantes como montura y como animales de carga, establecen estrechos lazos con ellas y las aceptan entre los miembros de sus clanes.

CUCHILLA PARA SANGRÍAS
En los rituales de los clanes de saqueadores tusken se sacrifican animales o incluso prisioneros.

Para los saqueadores tusken, los pozos de agua aislados como el de Gafsa son sagrados. Que alguien pase cerca de uno puede provocar una reacción violenta inmediata. Los intrusos pueden ser sacrificados.

DATOS

◆ Los saqueadores tusken roban el metal de los vehículos para fabricar sus armas de terror, los garrotes gaderffi.

◆ Aunque los moradores de las arenas son nómadas, los clanes tienen una cueva para celebrar ceremonias especiales o para enterrar a sus muertos.

Pies vendados

Los jawas

ESTAS CRIATURAS TÍMIDAS y codiciosas se dedican a buscar chatarra, androides perdidos y material mecánico entre los restos de las naves espaciales que salpican los paisajes desiertos de Tatooine. Sus ojos resplandecientes les permiten ver dentro de las grietas oscuras en las que se esconden, y sus rostros de roedores hacen que sean unos seres bastante feos. Aunque existen algunos poblados jawa, la mayoría de estas criaturas recorre las dunas y las rocas polvorientas montados en tractores de arena gigantescos, unos antiquísimos vehículos de explotación minera. Los jawas a veces venden la chatarra que reparan por auténticas gangas, pero son famosos por sus artimañas y por sus estafas a los compradores incautos.

Los androides perdidos son los objetivos favoritos de los jawas. Estas criaturas siempre llevan cerrojos de restricción que instalan en los androides itinerantes para reclamarlos. Un tubo de succión magnética conduce a los androides capturados hasta las entrañas de un tractor de arena ambulante.

Los tractores gastados y oxidados por las tormentas de arena y por los soles abrasadores, sirven de prisión para los androides, de procesadores de minerales y de metales y también de depósito de chatarra.

Compartimento de los filamentos de gas ionizados

Bastidor de la célula energética de carga

CÉLULA ENERGÉTICA DE RECARGA DE IONES

Interruptores automáticos de sobrecarga

Reguladores de iones

Acelerador de iones principal

Inyector de rayos

Abrazadera del acelerador de iones

Transformador de energía

BLASTER DE IONIZACIÓN

Gatillo

Culata

Empalme de alimentación

Abrazadera de montaje

Activador de energía de las patas

Nodo de polaridad neutra

Clavijas de conexión

Bola sensora de drone del reactor Mark II

Jaula de contacto

REPUESTOS DE ANDROIDES
La habilidad de los jawas para el reciclaje es legendaria. Si un androide está tan maltrecho que ni ellos pueden repararlo, lo desmontan para obtener recambios (arriba).

El transmisor llama a los androides o hace que se detengan

Recarga de ionización (dentro de la bolsa del cinturón)

Receptor de señales androide

Ajuste de puesta en marcha

Activador

Anilla para el cinturón

Célula energética

COMUNICADOR DE ANDROIDES

Ojos resplandecientes

Las capuchas protegen de la luz solar

Bandolera

Comunicador de androides

Cinturón de herramientas

Mini-pistola de ionización

Los ewoks

EN LAS PROFUNDIDADES de la selva virgen de la luna esmeralda de Endor viven en armonía con la naturaleza que les rodea unas criaturas pequeñas y peludas: son los ewoks. Construyen sus casas en lo alto de los árboles más viejos y las unen mediante puentes de madera y plataformas en suspensión. Los ewoks cazan además de recolectar de día en la superficie del bosque; durante la noche, cuando la selva es demasiado peligrosa para ellos, se refugian en sus altos poblados.

Palos sonoros

Correa de retención

Correa de piel

Cuchilla de piedra

CUCHILLO DE CAZA

Funda

Empuñadura

RECLAMO PARA PÁJAROS CHURI

Plumas de churi

Tocado capilar de cráneo de gurreck

Bastón de autoridad

Pelaje a rayas

Punta de garrote de piedra

Capucha

Lanza

Grueso pelaje

Teebo

Teebo es un poeta y un observador de estrellas y tiene una mística unión con las fuerzas de la naturaleza. Su percepción sutil le permite ver más de lo que ven sus soñadores ojos, pero también es un ewok práctico. Debido a sus acertadas decisiones ha conquistado una posición de liderazgo en la tribu.

Wicket W. Warrick

Este joven solitario va de expedición cuando se encuentra con la princesa Leia Organa en el bosque. La ayuda a llegar a su poblado, que es relativamente seguro, ya que confía en ella y presiente la bondad de su espíritu. Cuando llegan los amigos de Leia, Wicket pide a los demás ewoks que no se les haga ningún daño, pero sus costumbres solitarias hacen que influya poco su petición entre los ancianos del poblado. Su conocimiento profundo del bosque ayuda mucho a los rebeldes en su último ataque a las fuerzas imperiales.

El mayor peso de la cabeza añade fuerza al golpe

GARROTES

Bolsa talismán

El ewok shamán reúne toda una colección de objetos mágicos y curas medicinales para su trabajo. Se vale de un bastón de espíritus para convocar a los antepasados y solicitar su ayuda, y utiliza con los enfermos o heridos una vara curativa. En el bosque crecen muchas plantas medicinales, que el shamán conserva con amuletos en una bolsa talismán.

Vara curativa

CARRACA FANTASMA DEL SHAMÁN

Logray

Este shamán tribal y hechicero emplea sus conocimientos rituales y mágicos para ayudar y también para atemorizar a su pueblo. Practica las antiguas tradiciones de iniciación y de sacrificios a seres vivos. Los trofeos de su bastón de mando incluyen restos de antiguos enemigos. Logray sospecha de todos los forasteros, una actitud que se agrava con la llegada de las fuerzas imperiales.

OBJETOS DEL SHAMÁN

Jefe Chirpa

Líder de su tribu desde hace cuarenta y dos estaciones, el jefe Chirpa posee la sabiduría que le dan su experiencia y su edad y dirige a su pueblo con buen juicio, aunque con el paso de los años va perdiendo la memoria. Con su autoridad consigue que los ewoks se entreguen a la peligrosa lucha contra el Imperio.

Cráneo de churi

Bastón de mando

Columna vertebral como trofeo

Capucha

Cuchillo de caza

Medallón del jefe

DATOS

◆ Aunque sus técnicas son primitivas, los ewoks hacen gala de una inventiva ingeniosa y saben construir columpios colgantes y complejas trampas para las fuerzas de ocupación imperiales.

◆ Los ewoks suelen llevar como trofeos los dientes, los cuernos y los cráneos de los animales que han cazado.

Bolsa de medicinas

Pelaje a rayas

La cantina de Mos Eisley

POR EL PUERTO espacial de Mos Eisley pasan una gran variedad de personas y de cosas poco corrientes, pero es en la cantina donde se concentra la más rara clientela de toda la ciudad. Aquí se pueden encontrar viajeros espaciales profesionales y curtidos y también extraños visitantes de los rincones más remotos de la galaxia, pero no es un lugar adecuado para gente fina y remilgada. Para los clientes habituales, la cantina ofrece una atmósfera pangaláctica que les ayuda a olvidar sus problemas y el lugar en el que están, el agujero miserable que es Mos Eisley. La banda habitual toca música muy variada y, siempre que no haya forasteros insensatos que provoquen disturbios, todo el mundo puede pasar un buen rato de la manera que más le guste. Se bebe mucho y se hacen negocios clandestinos de forma habitual. El camarero mantiene la apariencia de orden y amenaza con envenenar las copas de aquellos que provoquen problemas.

El vestíbulo de la entrada regula la temperatura y la mantiene entre el calor insoportable del exterior y el fresco relativo de la cantina. También permite a los que están dentro echar un vistazo a los que van llegando.

Asientos de espera

Detector de androides

Jarras que indican los servicios de la cantina

Boquilla

Ranuras de farra

FANFAR

Rueda del ommni

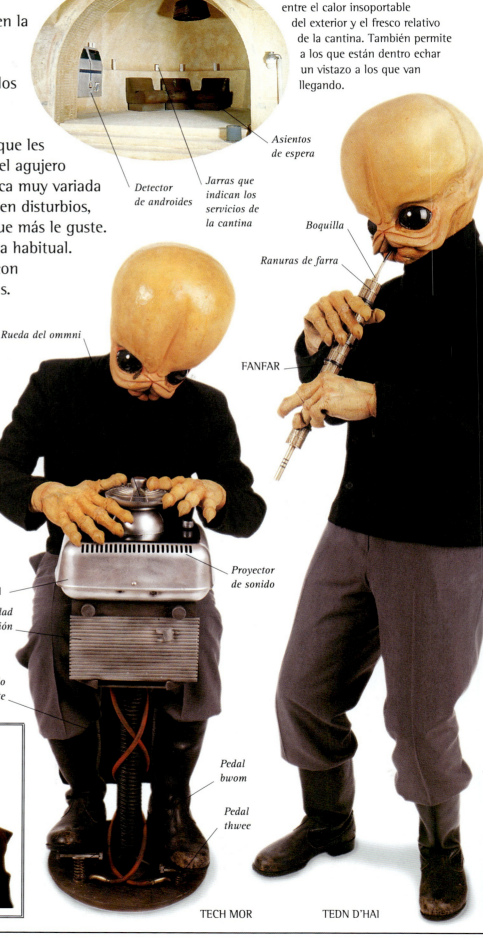

CAJA OMMNI

Proyector de sonido

Unidad de alimentación

Palo de soporte

Pedal bwom

Pedal thwee

TECH MOR

TEDN D'HAI

Hrchek Kal Fas es un fuerte mercader de androides saurin que mantiene a su guardaespaldas muy cerca cuando está en la cantina.

Los duros son una especie adaptada a los viajes espaciales, con dotes naturales de pilotaje y navegación. Estos dos realizan de forma habitual viajes al espacio profundo conectados con Mos Eisley.

Cuernos devaronianos característicos

Este devaroniano se oculta tras el nombre supuesto de Labria. Huye de su terrible pasado y es uno de los individuos más buscados en la galaxia por sus terribles crímenes.

DATOS

◆ Cuando Luke y Ben salen de la cantina no se dan cuenta de que les ha visto un garindan, una criatura devoradora de insectos que, ayudado por un enlace imperial, actúa de soplón.

◆ Los cadáveres y los miembros amputados que son producto de altercados no se hallan nunca en la cantina cuando llegan las autoridades.

Este talz llamado Muftak vive en los túneles abandonados situados bajo Mos Eisley y se gana la vida como carterista. Los talz son una especie primitiva que utiliza pocas herramientas.

Ojos de visión diurna (los de visión nocturna están debajo)

La amplia selección de bebidas legales e ilegales de la cantina atrae a visitantes poco corrientes. A los lamproides y a otras especies marginales se les sirven mezclas de sangre de un origen dudoso.

Figrin D'an y su banda

Los músicos bith, que tocan casi siempre en la cantina, son criaturas muy inteligentes y con excelentes dotes musicales. Forman un grupo llamado los Modal Nodes. Aunque se quejan de su situación, sus miembros están contentos de poder tocar en este aislado tugurio y de estar lejos de su planeta natal, Clak'dor VII. Su líder es un jugador experto que vive bien y paga las deudas con sus canciones mientras intenta que sus músicos no se metan en líos. Les han pedido que toquen en el palacio de Jabba, pero son demasiado listos para aceptar.

Cráneo muy desarrollado

Tubo bucal

CUERNO KLOO

Grandes ojos

Selectores de tono

Pliegues respiratorios

PIPA DE BANDA

Chaqueta del grupo

FIZZ (O BESHNIQUEL DOREMIANO)

Cuernos del alternador

Magnetófono ploong

Barra de piel

Barras de piel

Indicador de potencia

Pantalones del grupo

Botas de viaje

FIGRIN D'AN

NALAN CHEEL

DOIKK NATS

Las criaturas

Las espantosas criaturas de enormes dientes de los desiertos de Tatooine, pueden superar los cien metros de longitud.

HABITAN LA GALAXIA innumerables variedades de formas de vida, muchas de ellas sólo las conocen aquellos que se han encontrado con ellas y muchísimas más no están clasificadas por la ciencia galáctica.

Cuando ya hace mucho que ha anochecido, los pilotos espaciales se cuentan ante una copa historias sobre criaturas extrañas y horribles procedentes de planetas remotos o de los confines del espacio. En más de una ocasión, esas historias han resultado ser ciertas, como los obsesionantes bramidos de la bestia de las nieves de Hoth que acecha a sus víctimas, y las criaturas de proporciones inimaginables que viven ocultas en los asteroides y cierran sus fauces para atrapar a las naves que intentan huir. El viajero indeciso suele ser el último en darse cuenta de que tiene la pierna atrapada por un tentáculo y de que eso está a punto de provocarle la muerte.

El gusano espacial

Este gusano, una forma de vida basada en el silicio, sobrevive en el vacío, ya que su metabolismo formado por uranio puede digerir minerales. Recientemente, un destructor estelar imperial divisó un gusano espacial titánico durante una persecución en un campo de asteroides. La criatura atacó y devoró una parte de la nave antes de ser abatida.

La dianoga

Los clanes de colonos jawa utilizan rontos, criaturas tranquilas, como animales de carga para llevar mercancías a las ciudades.

Las dianogas (o calamares de las basuras) se han extendido por toda la galaxia, alcanzan los diez metros de longitud y habitan en estercoleros. Se alimentan de desechos y en ocasiones las estaciones espaciales las utilizan como procesadoras de residuos. Los especímenes adultos atrapan a las presas con sus tentáculos musculosos y son muy agresivos.

Los mynock son parásitos basados en el silicio que viven en el espacio, atacan a los emisores de señales y los cables de alimentación de las naves y se nutren de las emisiones de energía. Pueden provocar numerosos daños a las naves que infestan.

El wampa

Huesos de tauntaun

Cuernos curvos

Fauces con colmillos

Piel blanca de camuflaje

Gruesa capa de pelo aislante

El worrt habita en los desiertos de Tatooine y ataca a casi todo lo que se mueve. Jabba los tiene en el terreno que rodea su palacio.

Esposas

La verruga de roca de Tatooine mata a sus presas con el veneno neurotóxico de su mordedura.

Los wampas, enormes criaturas de los hielos, cazan tauntauns y otros animales originarios de las llanuras nevadas de Hoth; donde todas las noches sus aullidos y lamentos se mezclan con el sonido de los vientos helados. Estos astutos depredadores son bestias solitarias, pero también son lo bastante inteligentes como para formar manadas y enfrentarse a amenazas como los asentamientos humanos.

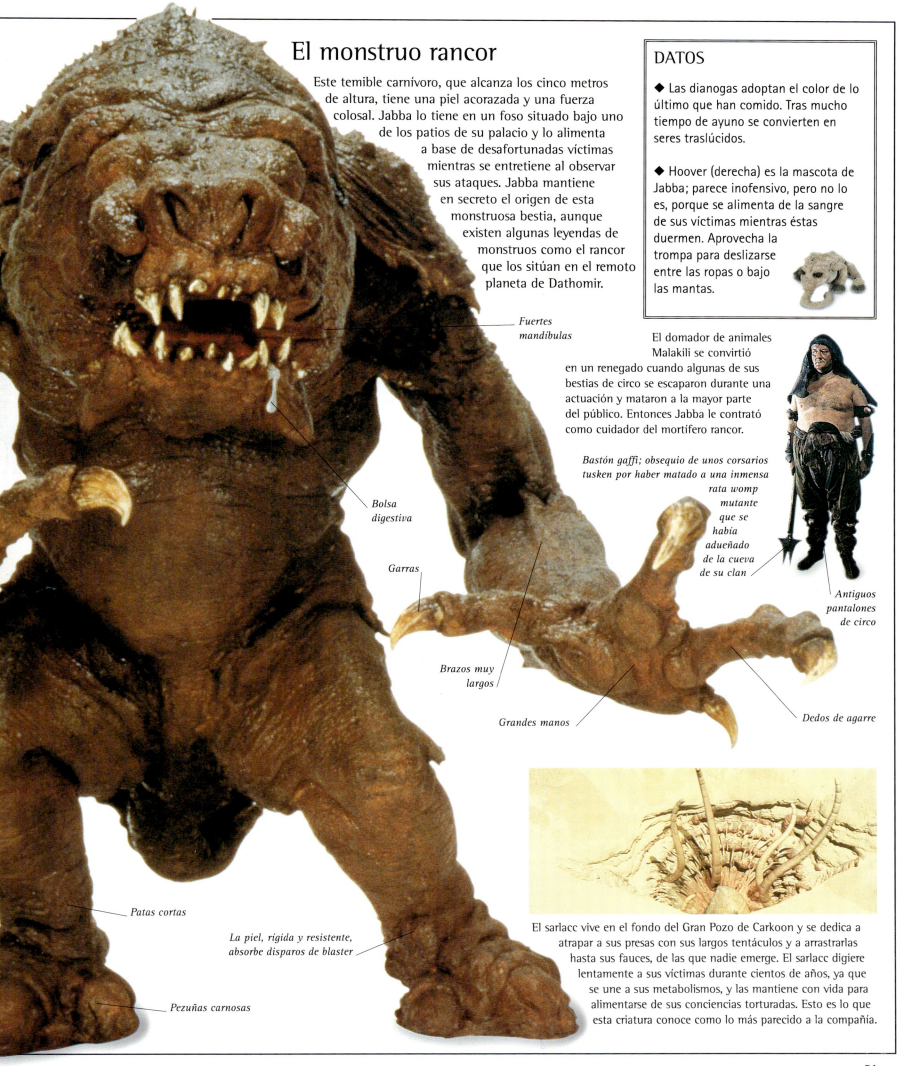

El monstruo rancor

Este temible carnívoro, que alcanza los cinco metros de altura, tiene una piel acorazada y una fuerza colosal. Jabba lo tiene en un foso situado bajo uno de los patios de su palacio y lo alimenta a base de desafortunadas víctimas mientras se entretiene al observar sus ataques. Jabba mantiene en secreto el origen de esta monstruosa bestia, aunque existen algunas leyendas de monstruos como el rancor que los sitúan en el remoto planeta de Dathomir.

Fuertes mandíbulas

Bolsa digestiva

Garras

Brazos muy largos

Grandes manos

Patas cortas

La piel, rígida y resistente, absorbe disparos de blaster

Pezuñas carnosas

DATOS

◆ Las dianogas adoptan el color de lo último que han comido. Tras mucho tiempo de ayuno se convierten en seres traslúcidos.

◆ Hoover (derecha) es la mascota de Jabba; parece inofensivo, pero no lo es, porque se alimenta de la sangre de sus víctimas mientras éstas duermen. Aprovecha la trompa para deslizarse entre las ropas o bajo las mantas.

El domador de animales Malakili se convirtió en un renegado cuando algunas de sus bestias de circo se escaparon durante una actuación y mataron a la mayor parte del público. Entonces Jabba le contrató como cuidador del mortífero rancor.

Bastón gaffi; obsequio de unos corsarios tusken por haber matado a una inmensa rata womp mutante que se había adueñado de la cueva de su clan

Antiguos pantalones de circo

Dedos de agarre

El sarlacc vive en el fondo del Gran Pozo de Carkoon y se dedica a atrapar a sus presas con sus largos tentáculos y a arrastrarlas hasta sus fauces, de las que nadie emerge. El sarlacc digiere lentamente a sus víctimas durante cientos de años, ya que se une a sus metabolismos, y las mantiene con vida para alimentarse de sus conciencias torturadas. Esto es lo que esta criatura conoce como lo más parecido a la compañía.

Androides mecánicos

LOS ANDROIDES MECÁNICOS realizan miles de funciones de servicio distintas, y así se consigue ahorrar mano de obra; se encargan de trabajos arriesgados o de precisión. Su nivel de inteligencia y su capacidad de comunicación varían, según sea un androide de protocolo, diseñado para formar parte de la sociedad civilizada, o uno de utilidades, que no puede comunicarse directamente con los seres humanos. Los androides se consideran esclavos y ciudadanos de tercera, y aquellos que no se sienten cómodos con ellos, «las máquinas que responden», los desprecian. Quienes los tratan con respeto descubren que algunos androides tienen identidad y personalidad propia.

Antena de comunicaciones

Fotorreceptores a imitación de ojos de stacchati

Vocalizador estéreo con caja de sonido

Armadura de brazo pesada y anticuada

Placa pectoral decorativa

Manos manipuladoras a imitación de las humanas

Cuello extensible

Visión binocular de enfoque preciso

Brazo manipulador

Servomotor fotorreceptor

Abrazadera del cuerpo reforzada

WED-15-77

Brazo manipulador secundario

Brazo de pruebas del equipo

Unidad de rotación

Bastidor de lógica

Esta unidad de cadenas binocular tiene un frustrante procesador de pensamiento debido a que sus dimensiones son muy reducidas. Ayuda a Luke en los evaporadores de humedad de su tío, pero prefiere trabajar para la tía Beru, porque ésta siempre le pide que realice las mismas tareas rutinarias.

Antena de comunicaciones

Cadenas

Piernas normales de androide secretario/ de protocolo

Los jawas intentan vender todo lo que pueden, y llegan a ofrecer este antiguo androide R1-G4 a Owen Lars. Un drone reactor como este anticuado androide podría trabajar en la sala de máquinas de una nave de gran envergadura, pero no serviría para trabajar en una granja de humedad.

CZ-1

Este androide secretario fue modificado a partir de un moderno estándar para parecerse a la especie de los stacchatis, a los que sirvió en una ocasión. Fue abandonado en Tatooine y separado de su unidad gemela CZ-3 después de un accidente, CZ-1 se estropeó en el desierto, donde lo capturaron los jawas. En la actualidad, sus locomotores están llenos de arena y no puede andar ni moverse correctamente, pero él es optimista y espera que lo reparen y lo vendan muy pronto.

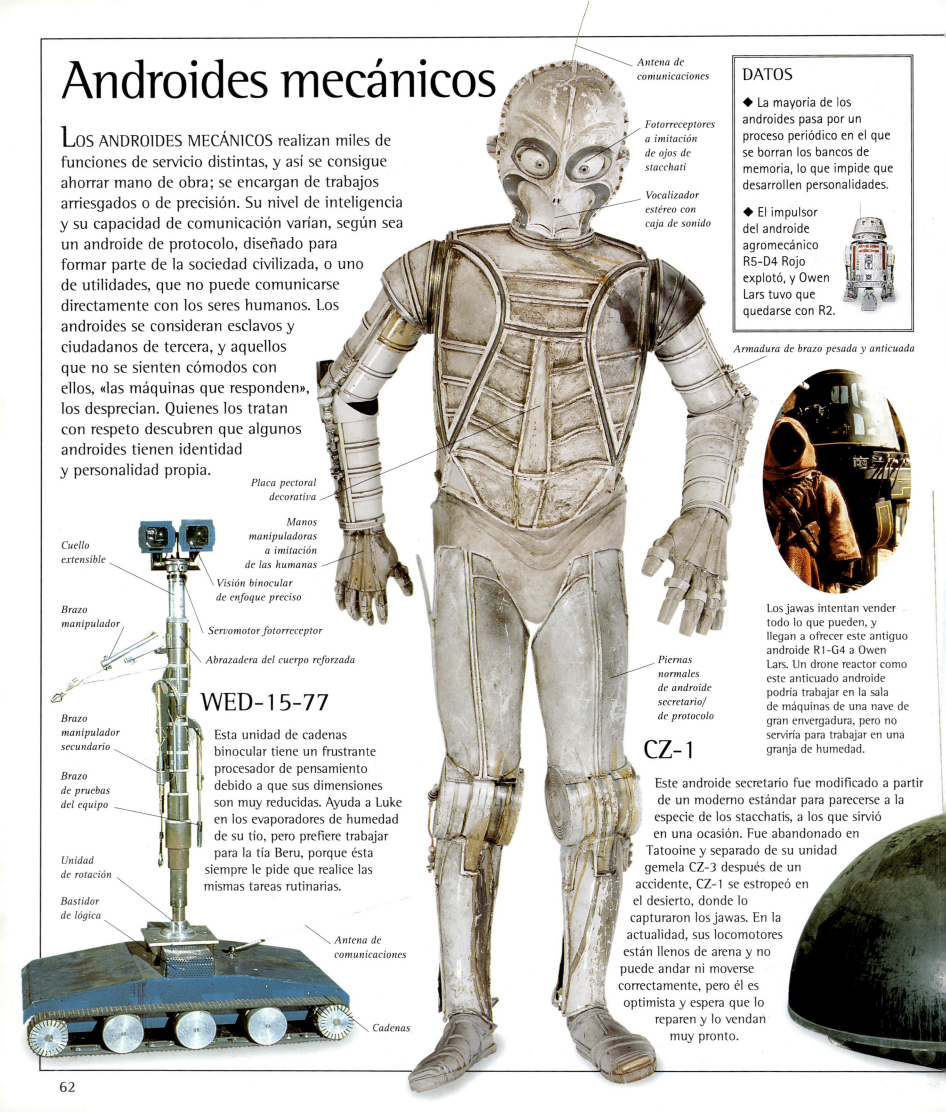

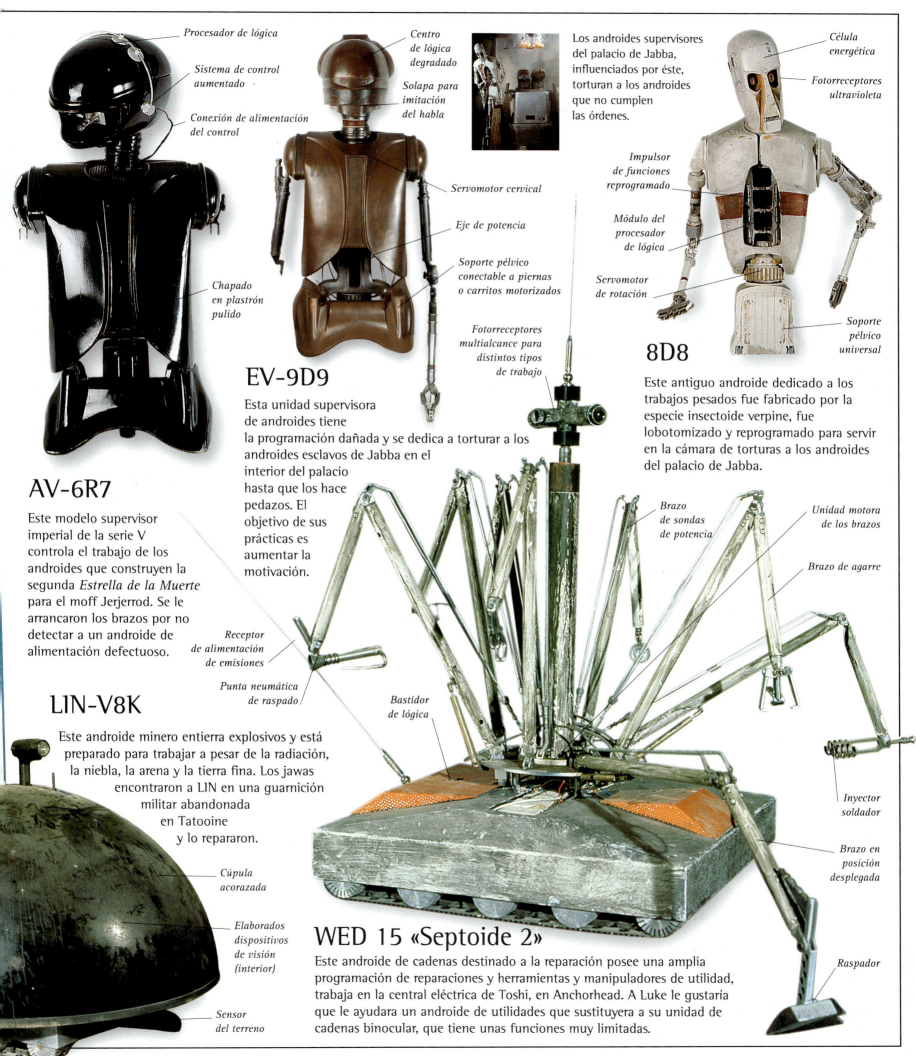

Procesador de lógica

Sistema de control aumentado

Conexión de alimentación del control

Chapado en plastrón pulido

AV-6R7

Este modelo supervisor imperial de la serie V controla el trabajo de los androides que construyen la segunda *Estrella de la Muerte* para el moff Jerjerrod. Se le arrancaron los brazos por no detectar a un androide de alimentación defectuoso.

Centro de lógica degradado

Solapa para imitación del habla

Servomotor cervical

Eje de potencia

Soporte pélvico conectable a piernas o carritos motorizados

EV-9D9

Esta unidad supervisora de androides tiene la programación dañada y se dedica a torturar a los androides esclavos de Jabba en el interior del palacio hasta que los hace pedazos. El objetivo de sus prácticas es aumentar la motivación.

Los androides supervisores del palacio de Jabba, influenciados por éste, torturan a los androides que no cumplen las órdenes.

Célula energética

Fotorreceptores ultravioleta

Impulsor de funciones reprogramado

Módulo del procesador de lógica

Servomotor de rotación

Soporte pélvico universal

8D8

Este antiguo androide dedicado a los trabajos pesados fue fabricado por la especie insectoide verpine, fue lobotomizado y reprogramado para servir en la cámara de torturas a los androides del palacio de Jabba.

Fotorreceptores multialcance para distintos tipos de trabajo

Brazo de sondas de potencia

Unidad motora de los brazos

Brazo de agarre

LIN-V8K

Este androide minero entierra explosivos y está preparado para trabajar a pesar de la radiación, la niebla, la arena y la tierra fina. Los jawas encontraron a LIN en una guarnición militar abandonada en Tatooine y lo repararon.

Receptor de alimentación de emisiones

Punta neumática de raspado

Bastidor de lógica

Inyector soldador

Cúpula acorazada

Elaborados dispositivos de visión (interior)

Brazo en posición desplegada

Raspador

Sensor del terreno

WED 15 «Septoide 2»

Este androide de cadenas destinado a la reparación posee una amplia programación de reparaciones y herramientas y manipuladores de utilidad, trabaja en la central eléctrica de Toshi, en Anchorhead. A Luke le gustaría que le ayudara un androide de utilidades que sustituyera a su unidad de cadenas binocular, que tiene unas funciones muy limitadas.

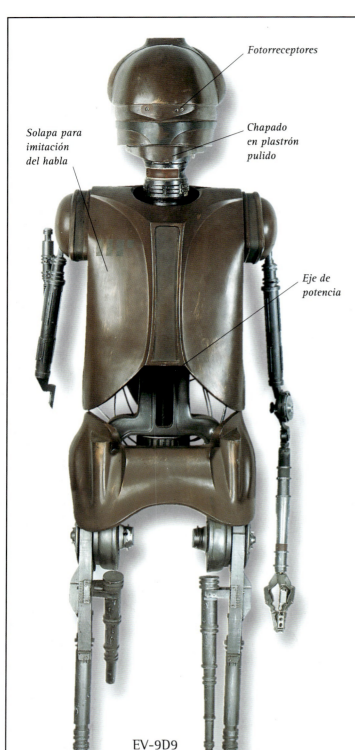

Fotorreceptores

Solapa para imitación del habla

Chapado en plastrón pulido

Eje de potencia

EV-9D9

UN LIBRO DORLING KINDERSLEY

Título original: *Star Wars. The Visual Dictionary*

Editor artístico Iain Morris
Editor del proyecto David Pickering
Editora americana Jane Mason
Responsable de la edición artística Cathy Tincknell
Técnico informático Kim Browne
Producción Louise Barrett, Katy Holmes y Steve Lang
Archivo Paloma Añoveros
Selección gráfica Cara Evangelista
Archivo fotográfico Halina Krukowski y Tina Mills

Traducción: Carlos Mayor

Publicado originalmente en Gran Bretaña
en 1998 por Dorling Kindersley Limited,
9 Henrietta Street, Londres, WC2E 8PS

Impreso en Italia - Printed in Italy
1.ª edición: abril, 1999
ISBN: 84-406-8906-3

Ésta es una coedición de Ediciones B, S. A.,
y Ediciones B Argentina, S. A., con Dorling Kindersley Ltd.

Agradecimientos

El autor, Dorling Kindersley y Ediciones B desean dar las gracias a todos los que han ayudado a que este proyecto se hiciera realidad:
Paloma Añoveros, conservadora de los archivos de Lucasfilm, nos permitió realizar muchas más sesiones fotográficas de las previstas en un principio, nos ayudó a descubrir material original casi olvidado y a restaurar grandes piezas para recuperar el aspecto que debían tener. Su apoyo hizo posible muchas de las fotografías más interesantes de este libro. Gillian Libbert, coordinadora de Apariencia de Personajes de Lucasfilm, aportó su ayuda profesional en la supervisión de las nuevas fotografías especiales de Boba Fett y de Darth Vader. Cara Evangelista, coordinadora de Publicaciones de la División de Licencias de Lucasfilm, satisfizo un interminable número de solicitudes de imágenes sin abandonar en ningún momento su encanto, y nos ofreció la variedad y la calidad que necesitábamos. Don Post, de Don Post Studios, nos permitió conocer con más detalle algunas de las armas menos vistas de Boba Fett gracias a nuevas creaciones de su espectacular réplica a tamaño natural del cazador de recompensas. Mathew Clayson, de Hi-Impact Productions, creó y donó generosamente para el proyecto varias piezas de material de las tropas de asalto. Ann

Marie Reynolds, el autor, y Edward Endres, de Fyberdyne Laboratories, construyeron también nuevas creaciones. Anna Bies recreó los uniformes del grupo de la cantina y se ocupó de su mantenimiento durante la sesión fotográfica de la emocionante reunión de los Modal Nodes. Fon Davis y Mark Buck, de ILM, ayudaron en esa «actuación» tocando el fizz y la pipa de banda, respectivamente. Marc Wendt, de los Archivos de Productos de Lucasfilm, se encargó religiosamente de entregar réplicas de las espadas de luz a nuestras primeras líneas cuando algún jedi se quedaba sin armas. El manuscrito de la *Enciclopedia de la Guerra de las Galaxias* de Steve Sansweet, fuente de información fidedigna y bien escrita, constituyó un aliado muy bien recibido en la investigación para este proyecto. Por último, cabe destacar la enorme contribución de un excelente equipo de grandes profesionales: la directora de EE UU, Jane Mason, supervisó la obra entre complicados envíos de aprobaciones y fue nuestra salvadora en la corrección del texto; el director de arte del proyecto, Iain Morris, creó la estructura visual del libro y dio forma a su contenido con su diseño y su selección de imágenes, y siempre encontró la manera de que todo quedara mejor; el director del proyecto, David Pickering, hizo posible la redacción del texto gracias a sus

palabras de apoyo y a su supervisión editorial. La directora de Publicaciones de Lucas Licensing, Lucy Wilson, nos dio a todos la oportunidad de convertir en realidad este libro, y esperamos que disfrute de él tanto como nosotros. Muchas gracias.

Dorling Kindersley y Ediciones B también quieren dar las gracias a: Giles Keyte por la fotografía complementaria en Leavesden Studios, en Inglaterra; Nelson Hall por la fotografía complementaria en Skywalker Ranch, en California; Kristin Ward y Will Lach por el trabajo editorial complementario en Nueva York; Nick Turpin por su colaboración editorial; Anne Sharples y Peter Fickling por su colaboración en el diseño; y Helen Stallion por la documentación fotográfica complementaria en el Reino Unido.

Otros autores de fotografías:
(a = arriba, b = abajo, c = centro, d = derecha, i = izquierda)
Colin Keates (Museo de Historia Natural)/Andreas Ensiedal: 25cd, 46acd;
Wallace Collection/Geoff Dann: 46aci;
Geoff Dann/Dave Rudkin/Tim Ridley/Bruce Chisholm: 46aci;
Martin Norris: 25c.